Höchste Zeit,
darüber zu sprechen

Gertrud Teusen

Höchste Zeit, darüber zu sprechen

Heikle Fragen, die Sie Ihren alten Eltern schon lange mal stellen wollten

Weltbild

Genehmigte Lizenzausgabe für
Verlagsgruppe Weltbild GmbH,
Steinerne Furt, 86167 Augsburg

Umschlaggestaltung:
Waldmann & Weinold, Kommunikationsdesign, Augsburg
Umschlagmotiv: mauritius images / Alamy
Gesamtherstellung: GGP Media GmbH, Pößneck
Printed in the EU
978-3-8289-3664-5

2014 2013 2012
Die letzte Jahreszahl gibt die aktuelle Lizenzausgabe an.

Inhalt

Vorwort

Es gibt Menschen, für die Neugier bedeutet, seine Nase in die Angelegenheiten anderer Menschen zu stecken, also sich für Dinge zu interessieren, die einen gar nichts angehen. Dann doch lieber sich vornehm zurückhalten. Derartige Zurückhaltung legen wir auch gerne bei Themen an den Tag, denen wir am liebsten aus dem Weg gehen. Dieses Buch ist randvoll mit solchen Themen, denn es geht um das Älterwerden und das Altsein. Aber wir wollen darüber nicht so gern reden. Deshalb schweigen wir, anstatt Fragen zu stellen, die uns unter Umständen als neugierig hinstellen.

Doch: »*Wer fragt, ist ein Narr für fünf Minuten. Wer nicht fragt, bleibt ein Narr für immer.*« Dieses chinesische Sprichwort hat auch etwas mit Neugier zu tun und mit falsch verstandener oder angeblicher Rücksichtnahme. Jeder hat Eltern, alle werden älter, alle quälen mehr oder minder die gleichen Fragen. Viele Dinge, die uns interessieren, wagen wir nicht zu erfragen, weil sie ein Tabu darstellen. Das Schweigen, das an die Stelle notwendiger Auseinandersetzung tritt, ist fatal, denn die Zeit unserer Eltern läuft ab, und so quälen wir uns lieber mit unausgesprochenen Fragen, anstatt sie klar und deutlich zu formulieren.

»Neugier steht an erster Stelle eines Problems, das gelöst werden will.« Auch Galileo Galilei war offensichtlich ein neugieriger Mensch. Und er hatte es gar nicht einfach mit seinen Fragen, und noch unbequemer waren seine Antworten.

Heute scheinen wir das Fragen verlernt zu haben, oder ist uns vielleicht nur der Mut dazu abhandengekommen?

»Machen Sie sich erst einmal unbeliebt, dann werden Sie auch ernst genommen.« Diese Weisheit stammt von Konrad Adenauer. Mit unangenehmen Fragen, die man alten Menschen stellt, macht man sich zumeist wirklich unbeliebt. Aber man erwirbt auch Respekt, denn man vermittelt zugleich Anteilnahme

und Wertschätzung. Beides können wir nur im Gespräch weitergeben – und um ein solches in Gang zu bringen, müssen wir eben auch Fragen stellen.

»Ein Dutzend verlogener Komplimente ist leichter zu ertragen als ein einziges aufrichtiges Wort.« Der Schriftsteller Mark Twain hat das gesagt und er trifft damit den Kern der Sache. Die vielfältigen Probleme des Alterns lassen sich auf Dauer nicht ignorieren – zumindest nicht, wenn einem wirklich etwas an den alten Eltern liegt. Manchmal muss man unangenehme Fragen stellen, um die verbleibende Zeit harmonisch verbringen zu können und liebevoll miteinander umzugehen.

In diesem Buch möchte ich Ihnen, liebe Leserinnen und Leser, nicht nur notwendige Fragen, sondern auch mögliche Antworten mit auf den Weg geben. Sie beleuchten ein Problem aus unterschiedlichen Blickwinkeln, sollen Verständnis vermitteln und Einblicke gewähren, Fakten klären und erwachsene Kinder – aber auch alte Eltern – zum Gespräch animieren. Nur so lässt sich die Zukunft für beide Seiten friedvoll gestalten. Dafür wünsche ich Ihnen viel Glück.

Gertrud Teusen

Einleitung

Wenn Eltern älter werden, müssen Kinder erwachsen werden

»Es gibt einen bestimmten Lauf des Lebens und einen einzigen Weg der Natur, und zwar einen einfachen. Einem jeden Abschnitt des Lebens ist seine richtige Zeit gegeben, sodass die Schwäche der Kinder, der Ungestüm der jungen Leute, der Ernst des schon gesetzten Alters und die Reife des Greisenalters etwas ganz Natürliches hat, das man zu seiner Zeit erleben muss«, schreibt Cicero in seinem Werk »Über das Alter«. Die Worte sind klar und deutlich und doch hören wir sie nicht gern.

Kein Mensch wird gerne alt, doch älter werden wir jeden Tag, auch wenn uns das nicht ständig gegenwärtig ist.

Als Zwanzigjährige können wir noch ein bauchfreies Top tragen; mit dreißig bekommen wir es an den Nieren, wenn der Rücken frei ist. Durchwachte Nächte am Bett eines kranken Kindes stecken wir als Dreißigjährige noch locker weg; mit vierzig folgen auf durchwachte Nächte nur verschlafene Tage. Mit vierzig tragen wir die Verantwortung mit links und wagen vielleicht einen neuen Anfang; mit fünfzig zwingt uns die Last der Verantwortung manchmal in die Knie und wir denken über den Vorruhestand auf Mallorca nach. Was wir als Fünfzigjährige genießen, stößt uns mit sechzig nur sauer auf. Wie gerne würden wir die Zeit anhalten, wollen nochmal jung und faltenfrei sein.

Das Älterwerden können wir nicht vertagen, jeden Tag können

wir die Veränderung spüren, doch lieber verdrängen wir sie. Aber: Älter werden wir nicht später, älter werden wir jetzt.

Rückblende – wir ziehen Bilanz

Warum kann man vierzig, fünfzig Jahre sorglos durch Leben ziehen, und ganz plötzlich wird man in die Vergangenheit zurückkatapultiert? Wenn unsere Eltern alt werden, beziehungsweise wenn wir dieses Altern zur Kenntnis nehmen, führt das automatisch zur Rückbesinnung. Manchmal ist es auch eine Abrechnung, die jetzt scheinbar fällig wird. Wie auf einem Buchhaltungskonto wird das, was wir bekommen haben und was nicht, sorgfältig auseinanderdividiert. Nicht selten überwiegt beim persönlichen Kassensturz die Soll-Seite, sind die Eltern immer noch in der Pflicht der Wiedergutmachung.

Aber auch wenn wir eine »gute« Kindheit hatten, wenn Soll und Haben sich in der emotionalen Abrechnung ausgleichen, lässt das nicht automatisch auf ein harmonisches Verhältnis zu den alten Eltern schließen. Dann nämlich entsteht rückblickend manchmal das Gefühl, man habe ihnen nicht ausreichend gedankt und da wäre noch eine Schuld, die es jetzt – bevor es zu spät ist – abzutragen gilt.

Erwachsen werden – jetzt!

In jeder Familie steht irgendwann der Führungswechsel an, auch wenn sich die zeitlichen Rahmenbedingungen durch die höhere Lebenserwartung deutlich verschoben haben. Dass die Führungsrolle demnächst vakant wird, ist offensichtlich, doch der Rollentausch erfolgt schrittweise und muss akzeptiert werden, so wie er sich vollzieht. Wichtigste Voraussetzung dafür: das Erwachsenwerden.

Aber sind wir das nicht bereits? Tatsächlich sind es die wenigsten, die diese Frage souverän bejahen können.

Eine Eltern-Kind-Beziehung ist nicht automatisch gut und harmonisch. Je nachdem, wie sie sich in den letzen Jahren gestaltet hat, ist jetzt jedoch der Zeitpunkt gekommen, sich der eigenen Kindrolle bewusst zu werden und das teils kindliche Verhalten gegenüber den eigenen Eltern abzulegen. Das geht nicht von heute auf morgen, aber sich der Tatsache bewusst zu sein setzt zumeist schon eine Veränderung in Gang.

Manche Eltern versuchen in der Beziehung zu ihren Kindern, bewusst oder unbewusst die alten Regeln aufrechtzuerhalten. Weil von den alternden Eltern nur selten Einsicht oder Veränderung zu erwarten ist, müssen die Kinder selbst die Kindrolle abstreifen und die alten Regeln außer Kraft setzen. Nur so ist es möglich, schrittweise mehr Verantwortung für die Eltern zu übernehmen und auch selbst zur Abnabelung beizutragen.

Dieser Prozess, wenn man ihn sich bewusst vor Augen führt, ist schmerzhaft und erfordert eine intensive Auseinandersetzung mit sich selbst und den Eltern. Denn: Solange man gebunden bleibt, wird man den Eltern stets aus der Position des Kindes heraus begegnen und in alte Beziehungsmuster zurückfallen.

Nun ist es selten so, dass man für diese wichtigen Entwicklungen genügend Zeit hat. Man mag sich sträuben, man mag es ignorieren, doch irgendwann ist der Zeitpunkt zum Handeln da, und es gibt keine Alternativen.

Die Eltern als moralische Instanz

Ganz gleich, wie alt wir werden, solange wir Eltern haben, bleiben wir auch deren Kinder. Die Macht der Eltern ist unermesslich, sie überdauert unbeschadet die Zeit, und selbst größere Distanz kann ihr nichts anhaben. Dem Einfluss der Eltern können wir uns nicht entziehen. Ihre Ermahnungen klingen uns noch in den Ohren, ihre Ansichten sind in uns verwurzelt, sie sind unsere verinnerlichte moralische Instanz. Unser Aussehen haben wir von ihnen geerbt und oft genug wiederholen wir ihre »Fehler« – ganz gegen unseren Willen. Und alles, wonach wir streben – tief in uns drin –, ist ihre Liebe und Anerkennung.

Blick zurück ohne Zorn

Wenn wir älter werden und unsere Eltern alt sind, dann muss sich eine neue Beziehung etablieren. Diese Veränderung im Bindungsgeflecht ist aber nur möglich, wenn beide Seiten – erwachsene Kinder wie alte Eltern –, die Vergangenheit ruhen lassen können. Und je länger solche Beziehungen existieren, desto schwieriger ist es, sie auf eine neue Ebene zu transferieren und den beteiligten Personen neue Rollen zuzuweisen. Lösungen per Knopfdruck gibt es nicht, ebenso wenig wie ein »Tut mir leid« alle Wunden heilen kann. Oft hilft es, zu verzeihen. Doch verzeihen bedeutet nicht, den Kopf in den Sand zu stecken und so zu tun, als wäre nichts gewesen. Das funktioniert nicht. Manchmal gehören Wut, Trauer und Tränen dazu, um eine emotionale Aufarbeitung der Kindheit zu ermöglichen. Was am Ende einer solchen Auseinandersetzung mit den eigenen Eltern steht, ist ungewiss.

Verständnis ist der erste Schritt zum Verzeihen. Um Verständnis zu haben, muss man erst einmal herausfinden, warum die Erlebnisse von einst bis heute nachwirken und wie sie nachwirken. In einem nächsten Schritt sollte man versuchen, ein Gespräch mit den Eltern zu führen, um vielleicht dabei herauszufinden, dass auch sie sich weiterentwickelt haben und die Fehler von einst heute bereuen.

Das wäre das Ideal, die Realität sieht oft anders aus. Die Aussöhnung ist kein Kuhhandel, bei dem man nur auf den anderen zugeht, wenn auch dieser ein Stück entgegenkommt. Mit der Hoffnung, die Eltern ändern zu können, sollte man nicht seine Zeit vertun. Die Macht zur Veränderung liegt in jedem Menschen selbst, indem er seinen eigenen Wert anerkennt und Verantwortung für sein Handeln übernimmt. Auf dieser Grundlage ist Verzeihen möglich.

Ein Rollenwechsel steht an

Wenn wir erwachsen werden müssen und der Rollenwechsel ansteht, dann sind wir hin- und hergerissen zwischen Vergangenheit und Gegenwart, zwischen Kindheit und Erwachsensein, zwischen Hilflosigkeit und Pflichtgefühl.

Wenn die einstmals starken Eltern schwächer werden, dann ist es an der Zeit, Verantwortung für sie – teilweise und im richtigen Maß – zu übernehmen. Und nicht nur das: Obwohl wir Kinder unserer Eltern bleiben, müssen wir verantwortlich handeln. Die wichtigste Beziehung in unserem Leben ist dabei, sich grundlegend zu verändern. In jeder Eltern-Kind-Beziehung gestaltet sich dieser Rollenwechsel etwas anders.

Angst vor der Verantwortung

Es ist vollkommen normal, dass man auch Angst entwickelt, wenn so schwer wiegende Veränderungen das Leben auf den Kopf stellen. Die Angst vor der Verantwortung wird im Wesentlichen von zwei Gefühlen genährt.

Das erste Gefühl ist Mitleid. Wir betrauern, stellvertretend für unsere Eltern, ihre Schwäche und Hilfsbedürftigkeit. Wir fragen uns, wie sie mit den anstehenden Veränderungen, der nachlassenden Eigenverantwortung und der zunehmenden Pflegebedürftigkeit, wohl umgehen werden. Wir bemitleiden sie ob der Tatsache, dass sich ihr Leben dem Ende zuneigt.

Das zweite Gefühl, meist noch wichtiger als das erste, ist das Selbstmitleid. Wir wünschen uns einfach, dass alles so bleibt, wie es ist. Und vor allem, dass unsere Eltern so bleiben, wie wir sie in Erinnerung haben. Aber so wie es war, wird es nie wieder sein. Aus dem Selbstmitleid spricht Egoismus: Ich will nicht, dass sich etwas ändert. Ich will meine Sorglosigkeit nicht verlieren. Und aus dem Selbstmitleid spricht Angst: Denn Verantwortung zu übernehmen bedeutet, sich Sorgen zu machen und Entscheidungen zu treffen.

Sich kümmern – eine Pflichtübung?

Eigentlich ist die Sache doch klar: Die Eltern haben uns auf diese Welt gebracht. Über Jahre haben sie für uns gesorgt, uns erzogen und gepflegt. Vor diesem Hintergrund ist es eigentlich nur logisch, wenn erwachsene Kinder die Verpflichtung fühlen, nun umgekehrt für ihre Eltern zu sorgen. Tatsache ist, dass wir die Verpflichtung zwar »fühlen«, uns ihr aber nicht unbedingt auch gewachsen sehen. Was kommt da auf uns zu? Passt die Sorge um die alten Eltern in unseren eigenen Lebensplan?

Die Tatsache bleibt bestehen: Erwachsene Kinder müssen sich um ihre älter werdenden Eltern kümmern. In welcher Form und mit welchem Einsatz sie das tun, bleibt eine individuelle Entscheidung – erst einmal.

Die moralische Verpflichtung zur Unterstützung wird durch den gesellschaftlichen Druck erhöht. Manchmal wirkt alles so stark zusammen, dass es scheinbar kein Entrinnen und keine Alternative gibt. Doch was andere wollen und wir demnach sollen, spielt erst in zweiter Linie eine Rolle. Das Ziel sollte stets sein, die beste Versorgungsmöglichkeit für beide Seiten – erwachsene Kinder und alte Eltern zu finden. Aus reinem Pflichtbewusstsein heraus lässt sich das auf Dauer allerdings nicht bewerkstelligen.

Verantwortung dosiert übernehmen

Wenn die Selbstständigkeit verloren geht, dann muss man sich genau überlegen, in welchen Bereichen man unterstützend eingreifen kann und will. Oft ist es noch ein langer Weg bis zur vollständigen Pflegebedürftigkeit, und es gilt, die Verantwortungsübernahme sorgsam zu dosieren. Die Basis für all das sind offene Gespräche und der Mut, Fragen – auch unangenehme – zu stellen. Wer sich das traut, der hat den Rollenwechsel zumindest angedacht, auch wenn vielleicht noch viel Zeit bleibt, diesen nach und nach zu vollziehen.

Ein Mensch wächst mit seinen Aufgaben, aber im Alter hat auch jeder Mensch das Recht, in manchen Bereichen überfordert zu sein. Je nachdem, wo der persönliche Schwachpunkt liegt, können erwachsene Kinder entlastend eingreifen.

Viele Kinder übernehmen ungefragt gleich die ganze Verantwortung und »entmündigen« quasi ihre Eltern. Das ist nicht wortwörtlich zu verstehen, aber wer über den Kopf einer anderen

Person hinweg entscheidet, suggeriert dieser, dass sie ganz offensichtlich diese Hilfe braucht und man deshalb einspringt. So zu handeln hieße aber, das Kind mit dem Bade auszuschütten: Man sollte immer nur so viel Verantwortung übernehmen, wie die Eltern abgeben wollen. Die schrittweise und wohldosierte Übernahme von Verantwortung macht es allen Seiten leichter: einerseits, die Hilfe zu geben, und andererseits, die Hilfe anzunehmen.

Eigene Bedürfnisse anerkennen – und aussprechen

Wenn Eltern ihre Selbstständigkeit verlieren, so geschieht das manchmal Zug um Zug. In anderen Fällen tritt die Unselbstständigkeit plötzlich und unerwartet ein. So oder so stellt sich irgendwann die Frage, wie viel Verantwortung man übernehmen kann und will. Auch wenn der Wille manchmal Berge versetzen kann, so hat er doch auch seine Grenzen. Wer keine handfesten Argumente hat, die gegen eine Verantwortungsübernahme sprechen, der traut sich selten, seine Vorbehalte auszusprechen. Den Eltern die persönliche Fürsorge zu verweigern hinterlässt fast bei jedem ein Gefühl von Versagen und Schuld. Zwei wenig produktive Emotionen, die zur Entscheidungsfindung nicht beitragen können.

In jedem Fall ist es notwendig, die richtige Balance zwischen Hilfsbereitschaft und Selbstaufgabe zu finden. Darauf gehe ich in meinem Buch »Jetzt wird Mama richtig alt!« ausführlich ein. Alles andere hilft – auf Dauer auch dem Hilfsbedürftigen – wenig.

Die eigenen Bedürfnisse zu formulieren ist dabei sehr schwer, sie gegenüber den Eltern auszusprechen scheint oft auf den ersten Blick schier unmöglich.

Unter Geschwistern: Geteilte Last wiegt doppelt schwer

Die Beziehungen der Geschwister sind aber so vielfältig und individuell verschieden wie alles auf dieser Welt. Nicht alle sind aus dem gleichen Holz geschnitzt, viele haben sich ganz unterschiedlich entwickelt. Während die einen seit Jahren kein Wort mehr miteinander gewechselt haben, stehen die anderen in regem Kontakt. Es gibt Mamas Liebling ebenso wie Papas Augenstern – und wenn es um die gleich verteilte Verantwortung unter den Geschwistern geht, so lässt sich nicht immer Harmonie erzeugen.

Der Klassiker unter den Rollenverteilungen ist die Zuweisung der Fürsorge für die Eltern an die weibliche Nachkommenschaft, dicht gefolgt vom Senioritätsprinzip – der/die Älteste trägt die Verantwortung. An dritter Stelle wird gern den Nesthäkchen die Pflegerolle zugeschoben, weil diese ja noch nicht so lange von den Eltern getrennt leben und deshalb mit deren Lebensart noch am meisten vertraut sind oder vielleicht keine eigenen Kinder haben.

Klare Priorität bei der Übernahme von praktischer Verantwortung hat auch immer derjenige/diejenige, der/die noch vor Ort lebt. Die räumliche Nähe gilt als unschlagbares Argument.

So ungerecht die Zuweisungen auch sind, so kommt es oft zur Konfrontation und selten zu klaren Entscheidungen. Am liebsten lässt man die Dinge laufen. Irgendjemand wird schon die Initiative ergreifen. Bei all dem Geschiebe und Gerangel um Verantwortung und Fürsorge vergessen leider viele, dass es keine Objekte sind, über die sie da diskutieren, sondern Menschen, nahestehende Angehörige noch dazu. Je nachdem, wie geistig fit und bewusst die Eltern die Situation erleben, haben auch sie noch ein Wörtchen mitzureden – so lange es irgend geht!

Da jede Familienkonstellation aber eine andere ist, lässt sich schwer prognostizieren, ob der Wille oder die Wünsche der Eltern zur Klärung des Kompetenzgerangels beitragen können. Manche Äußerungen der Alten schüren mehr das Feuer, als dass sie zur Befriedung und Klärung der Situation beitragen.

Allein in der Pflicht: Die Einzelkinder

Wer als einziges Kind der Eltern aufwuchs, hat viele Vorteile, aber auch manche Nachteile zu verkraften. Die Loslösung von den Eltern ist beispielsweise schwerer und die Erwartungshaltung der Eltern größer. Alle Wünsche und Hoffnungen richten sich dann auf eine Person.

Ist die Loslösung in der Jugend geglückt, so holt die besondere Familienkonstellation die Einzelkinder spätestens im Alter wieder ein. Allein steht man jetzt in der Pflicht, den Eltern einen würdigen Lebensabend zu bereiten. Inwieweit eine Verweigerung in dieser Situation überhaupt möglich ist, lässt sich nur ganz schwer beantworten. Es erfordert umso mehr Mut und Fantasie, Möglichkeiten zu finden und mit den alten Eltern zu besprechen, die beiden Seiten zuträglich sind.

Das innige Verhältnis, das viele Einzelkinder zu den Eltern haben, schleppen sie oft wie einen Klotz am Bein mit durchs Leben. Nicht wenige bleiben unverheiratet, und die, die einen Partner haben oder gar Familie, fühlen sich über Jahre hinweg hin- und hergerissen. Das eng gewobene Geflecht aus Liebe und Verpflichtung zieht sich dann in späteren Jahren immer enger zusammen und droht, die Luft zu rauben.

Nicht selten sind es die Eltern, insbesondere die Mütter, die oft mit Mitteln der psychologischen Kriegsführung das einzige Kind wieder fest an sich binden wollen. »Ich habe meine Mutter jahrelang gepflegt. Und das erwarte ich auch von dir!«, lautet die Forderung, und der unausgesprochene Vorwurf klingt mit, dass das einzige Kind sich offenbar aus dieser Verpflichtung stehlen will, und die Drohung, es aber bloß nicht zu wagen.

Besser miteinander auskommen!

Die Basis für ein gutes Miteinander ist die klare Kommunikation. Wie schwer das sein kann, weiß jeder Mensch aus eigener Erfahrung. Insbesondere im Gespräch mit älteren Menschen neigen wir mehr zur Verschleierungstaktik als zu offenen Worten. Dabei ist das Verbiegen und Vertuschen meist vergebene Liebesmühe, denn unser Körper spricht immer mit – und oft eine ganze andere Sprache, als die Worte glauben machen wollen.

Denn jeder Mensch spricht nicht nur mit Worten, sondern unterstreicht das Gesagte ganz automatisch durch Gesten, Mi-

mik und Stimmlage – oder führt es ad absurdum. Sie können sich, wenn Sie beispielsweise von Gewissensbissen geplagt sind, noch sosehr bemühen, einen souveränen Eindruck zu machen, das schlechte Gewissen steht Ihnen dennoch ins Gesicht geschrieben.

Was für die Kommunikation allgemein gilt, gilt für die Gespräche mit älteren Menschen im Besonderen. Und nicht vergessen: Ihr Gesprächspartner, also Ihr Vater oder Ihre Mutter, kennen Sie Ihr ganzes Leben lang. Oft haben sie ein feines Gespür für Zwischentöne und ebenso für ernste Worte. Zwischen dem, was man sagt, und dem, was man fühlt, liegen manchmal Welten – und nochmal größer ist oft der Unterschied zu dem, was bei unserem Gesprächspartner ankommt.

Reden und gehört werden

Es liegt oft gar nicht am nachlassenden Hörvermögen, wenn alte Eltern nicht hören wollen, was wir zu sagen haben. Die individuelle Erwartungshaltung ist steter Quell von zahlreichen Missverständnissen. Und im Gespräch mit älteren Menschen fällt es oft schwer, Worte und Empfindungen in Einklang zu bringen, weil man sie ja nicht verletzen will, nicht verärgern möchte oder auch nur lästigen Diskussionen aus dem Weg gehen will.

Grundvoraussetzung für klare Kommunikation ist das Reden und Gehörtwerden. Wer eine glaubhafte Botschaft übermitteln möchte, der muss auch seine Befindlichkeiten vermitteln.

Probleme im Gespräch mit alten Eltern tauchen immer dann auf, wenn wir »ja« sagen, aber »nein« meinen.

Ein Beispiel: Ihre Mutter ruft an und lädt Sie zum Mittagessen ein, Sie haben aber etwas anderes vor.

»Nein, das geht nicht« ist beispielsweise ein schlechtes Entree, und klingt ohne weitere Erklärung ziemlich aggressiv. Auch vage Formulierungen wie »Das wird zu kompliziert« sind missverständlich. Eine Erklärung wird hier kaum folgen, beziehungsweise das Gegenüber wird diese nicht mehr wahrnehmen, denn es suggeriert ihm/ihr, es sei zu kompliziert es zu erklären.

Ebenso unhöflich und gleichgültig sind Aussagen wie: »Dazu habe ich eigentlich keine Lust.« Wer so formuliert, vermittelt keine Empathie, er lässt seinen Gesprächspartner in Selbstzweifeln zurück.

Das ideale Gespräch sollte so gestaltet sein: Sagen Sie deutlich, dass Sie diese Einladung nicht annehmen können, und führen Sie die tatsächlichen Gründe an. Zeigen Sie Empathie, zum Beispiel so: »Ich weiß, dass du jetzt enttäuscht bist.« Aber unterstreichen Sie Ihre Position: »Es geht aber wirklich nicht.«

Und der gelungene Gesprächsabschluss wäre ein Kompromiss, oder öffnen Sie eine neue Perspektive: »Aber wie wäre es denn nächstes Wochenende …«

Die Vorteile dieser Gesprächsvariante sind offensichtlich und lassen sich auf alle möglichen Situationen übertragen. Wenn Ihr Gegenüber Sie partout nicht verstehen will, müssen Sie es so lange wiederholen, bis die Botschaft angekommen ist.

Drei Eckpfeiler eines gelungenen Gesprächs:

- Machen Sie eine klare Ansage und erklären Sie sie.
- Bieten Sie Kompromisse an.
- Zeigen Sie Empathie.

Respekt bewahren

Alte Menschen wünschen sich Aufmerksamkeit und Zuneigung, sie fordern Mitleid und Einsatz, sie äußern rücksichtslos ihre Bedürfnisse und verlangen sofortige Befriedigung derselben. Der Vergleich mit dem egoistischen Verhalten mancher Dreijähriger drängt sich manchmal auf. Doch versuchen wir zu verstehen: Die Regression, die das Alter und die nachlassenden Kräfte mit sich bringen, duldet keinen Aufschub bei der Erfüllung der Wünsche und Bedürfnisse. Die Grenzen der Scham und Intimität werden aufgehoben. Die Dimensionen von Zeit und Raum scheinen bedeutungslos, und selbst die prompte Erfüllung aller Forderungen bringt nur kurzfristige Befriedigung.

Dass das Alter den Menschen milde stimmt, können nicht alle erwachsenen Kinder unterschreiben, ebenso wie die alternden Eltern mit dem eigenen Nachwuchs oft höchst unzufrieden sind. Zu dieser Feststellung gelangte auch der Psychoanalytiker Erich Stern: *»Alte Menschen führen oft die Klage, dass Kinder sich zu wenig kümmern, dass die Beziehungen oberflächlich, kühl und oft gespannt sind. (...) Hört man die jüngere Generation, so wird sehr oft über die Verständnislosigkeit der alten Eltern geklagt, über die Ansprüche, die sie stellen, über ihre Herrschsucht, ihre Tendenz, in alles hineinzureden.«* Diese gegenseitigen Vorwürfe, so Stern, sind ein Indiz dafür, dass sich die Verhältnisse umkehren. Aus den abhängigen Kindern von einst sind starke Erwachsene geworden, aus den starken Eltern werden nunmehr abhängige Alte.

Kinder wie Eltern

Kaum etwas ist ärgerlicher als Erwachsene, die mit ihren Eltern reden wie mit einem Kleinkind. Wenn sich der Rollenwechsel der Verantwortlichkeit vollzogen hat, sind manche erwachsene Kinder geneigt, ihre Führungsrolle auch durch entsprechende Kommunikation zu unterstreichen. Das ist falsch. Denn auch wenn die Hilfsbedürftigkeit der Eltern an die Hilflosigkeit von Kindern erinnert, so gibt es doch einen großen Unterscheid. Die alten Eltern blicken auf einen großen Erfahrungsschatz zurück, der jeden Vergleich hinfällig macht. Die wohlgemeinte Fürsorge, die erwachsene Kinder ihren Eltern angedeihen lassen, darf nicht überhandnehmen und auch nicht die Selbstbestimmung einschränken. Zwar mag das Verhältnis zwischen Kindern und Eltern eine neue Dimension gewinnen, doch die Zutaten sind wohlbekannt und werden nur neu verteilt.

So wie wir Kinder in ihren Bedürfnissen ernst nehmen sollten, so müssen wir unsere Eltern auch ernst nehmen, wenn sie auf unsere Unterstützung angewiesen sind. Eine Kommunikation auf Augenhöhe und nicht über die Köpfe hinweg, muss stets das Ziel sein.

Kapitel 1

Sechs Fragen rund um die nachlassenden Sinneskräfte

Ältere Menschen tun sich schwer, Schwäche anzuerkennen. Denn sie empfinden das Nachlassen der körperlichen Kräfte als persönliche Niederlage. Sie schämen sich ihrer Defizite und verdrängen die offensichtlichen Tatsachen. Vor allen Dingen dann, wenn der Körper zwar nachlässt, sie aber geistig noch auf der Höhe sind. Es kann in der Folge zur Missachtung des eigenen Selbst kommen. Die Psychoanalytiker nennen das *narzisstische Kränkung*. Als Narzissmus bezeichnet man in der Psychologie die Selbstliebe, und sie ist ein wichtiger Teil der Persönlichkeit. Das positive Selbstgefühl bleibt stabil, solange man noch einigermaßen gut mit den auferlegten Schwächen umgehen kann. Deshalb werden die Defizite so lange ignoriert, wie es nur geht. Sie nehmen den Stockschirm lieber als den »Rollator«, weil ein Schirm noch als schick und nützlich gelten kann. Sie drehen die Lautstärke am Fernseher auf, weil ein Hörgerät sie als schwerhörig entlarven würde.

Nehmen die Beeinträchtigungen jedoch überhand und lassen sie sich nicht mehr verschleiern, schämen sich die alten Menschen für diese Bloßstellung. Der Psychoanalytiker Meissner schreibt: *»Alter und Altern stellt den Narzissmus auf eine harte Probe. Wenn man alt wird, gerät alles in Gefahr, was einen Wert darstellte und worauf sich der Narzissmus lange Zeit stützte«* – das scharfe Auge, das exzellente Gehör, der aufrechte Gang.

Jugend und Schönheit sind schon lange passee, daran hat man

sich vielleicht gewöhnt, aber wenn nun auch noch die wirklich wertvollen Dinge – wie beispielsweise Musik zu hören – verloren gehen, ist das viel schwerer zu verkraften.

Hilfe lässt sich leichter annehmen, wenn man den Blickwinkel ändert: Statt den Verlust in den Vordergrund zu stellen, sollte man die Vorzüge genießen. Aber genau das fällt schwer, gibt es doch so viel zu verbergen.

Diffiziler wird das Problem, wenn auch die geistigen Fähigkeiten nachlassen und beispielsweise Vergesslichkeit das Leben bestimmt. Oft spielen verschiedene Defizite zusammen und man muss auf liebe Gewohnheiten – wie zum Beispiel das Autofahren – ganz verzichten.

Natürlich merken das auch die Angehörigen und machen sich Sorgen. Zwischen Abwarten und Zupacken liegen ihnen viele Fragen auf der Zunge, die es auszusprechen gilt.

Darunter auch die Frage aller Fragen: Was wird, wenn du allein nicht mehr zurechtkommst?

❶ Unsicherer Gang

»Möchtest du nicht mal eine Gehhilfe ausprobieren?«

Es sind Szenen wie diese, die das Problem verdeutlichen: Ein strahlend schöner Sommertag, die Familie will in den Zoo – und Oma soll mit. In geblümtem Kleid mit Sonnenhut und festen Schuhen steht sie in der Haustür – auf einen Stockschirm gestützt. »Hast Du Angst, dass es regnen könnte?«, flachst der Enkel. »Nee, das ist mein Sonnenschirm«, kontert die Oma. Beim Spaziergang durch den Zoo wird jedoch die wahre Bedeutung des Schirms deutlich: Darauf stützt sich die alte Dame beim Gehen. Doch so unsicher, wie sie ist, wäre eine professionelle

Gehhilfe sicher die bessere Lösung. Aber davon will sie nichts wissen: »Warum denn nicht gleich einen Rollstuhl?«, gibt sie gereizt zurück, wenn man sie darauf anspricht.

Ganz wichtig: Den Schein wahren

Alte Menschen schämen sich ob der Unzulänglichkeiten, die der Körper ihnen zunehmend auferlegt. Und sie tun alles, um so lange wie möglich den Schein zu wahren. Abhängig von der körperlichen und geistigen Verfassung tritt bei jedem Menschen irgendwann die Erkenntnis ein, nun »wirklich alt« zu sein.

Je älter wir werden, desto häufiger werden wir mit der unschönen Tatsache konfrontiert, dass die Grenzen der Leistungsfähigkeit immer enger gesteckt werden. So verringert sich beispielsweise das Lungenvolumen knapp um die Hälfte und auch die Muskelkraft lässt nach – bis zu 45 Prozent.

Diese veränderten Bedingungen bleiben nicht ohne Folgen. Man muss lernen, langsamer zu werden, seine Kräfte ökonomischer einzusetzen und mit ihnen hauszuhalten. *»Leben muss man das ganze Leben lang lernen«,* so Seneca in seinem Buch »Von der Kürze des Lebens«. Das Alter macht da keine Ausnahme.

Dass die Kräfte nachlassen, wird offensichtlich, wenn man in den Spiegel schaut, denn der Körper verändert sich zunehmend und damit auch die Selbstwahrnehmung. Es gehört schon eine gehörige Portion Gelassenheit dazu, die körperlichen Veränderungen einfach so zu akzeptieren. Dass man damit hadert, ist vollkommen normal. Man wird nie wieder so sein, wie man einmal war. Das muss erst einmal verdaut werden.

Ganz schön schwierig: Hilfe einfordern und annehmen

Vielen alten Menschen gelingt das erst, wenn sie so pflegebedürftig sind, dass sie ohnehin keine andere Wahl hätten. Das ist schade, denn wer beizeiten lernt, auf die Hilfe anderer zurückzugreifen, bleibt länger selbstständig in Bereichen, in denen es wirklich zählt. Doch dafür sind viele ältere Menschen erst einmal zu stolz. Für sie kommt das Annehmen von Hilfe mit dem

Akzeptieren der eigenen Schwäche gleich. Dabei ist es doch eigentlich gar nicht so schwer. Unser ganzes Leben lang nehmen wir Hilfe an, ohne auch nur eine Sekunde darüber nachzudenken oder zu zögern. Das fällt uns leicht, solange wir noch nicht alt sind und der Grund, warum wir Hilfe brauchen, nicht Altsein ist. Das gilt ebenso für Hilfsmittel.

Wenn die Augen schwächer werden, dann nehmen wir eine Brille zur Hilfe, um die Sehkraft wieder herzustellen. Brillen oder Kontaktlinsen werden also nicht automatisch mit Altsein gleichgesetzt. Anders ist das mit Gehhilfen. Wenn der Junior nach dem Skiunfall drei Monate an Krücken geht, dann ist das schick, doch wenn die Oma oder der Opa einen »Rollator« braucht, dann wird es kompliziert.

Gründe für einen unsicheren Gang

Es kann viele unterschiedliche Gründe haben, wenn man mit zunehmendem Alter nicht mehr so sicher auf den Beinen ist – und gegen einige Ursachen kann man etwas tun.

Wer unsicher auf den Beinen ist, der hat vielleicht auch mit den Augen Probleme. Sehstörungen und -schwäche sind im Alter häufig und haben auch zur Folge, dass man nicht mehr sicher gehen kann. Zu den Auslösern, von der normalen Sehschwäche im Alter abgesehen, zählen Grauer oder Grüner Star oder auch eine beginnende Altersdiabetes (Diabetes mellitus Typ 2). Diese Erkrankung entwickelt sich über Jahre und oft ohne spürbare Symptome. Häufig wird der Alterszucker so spät entdeckt, dass bereits Folgeschäden vorliegen. Dazu gehören Nierenversagen, Gefäßverschluss-Erkrankungen und Erblindung.

Interessant ist beispielsweise auch, dass manche Gefäßverschluss-Erkrankungen quasi einen direkten Bezug zum Stockschirm haben. Die so genannte Schaufenster-Krankheit (im Fachjargon Claudio intermittens), bewirkt, dass die Betroffenen nur kurze Wegstrecken schmerzfrei bewältigen können. Ihre

Ausdauer reicht manchmal nur noch von »Schaufenster zu Schaufenster«. Wenn der plötzliche Schmerz dann den Gang stoppt, ist man froh über den Schirm, auf den man sich stützen kann. Durch einen kleinen operativen Eingriff kann versucht werden, die verstopften Gefäße wieder durchlässig zu machen, oder es wird ein Bypass gelegt.

Mit zunehmendem Alter wird alles schwerer, auch die Bewegung wird mühsam und schmerzhaft. Die zähflüssige Gelenkflüssigkeit, die den Knorpel versorgt, wird im Laufe des Alters wässrig. Sie verliert nach und nach die Fähigkeit, den Belastungspunkt, an dem zwei Gelenke aufeinandertreffen, schmerzfrei zu erhalten. Denn wenn der Knorpel sich abbaut, reiben die Gelenkflächen aufeinander und können sich entzünden. Diesen Zustand bezeichnen Mediziner als Arthrose. Die Arthrose ist zum Großteil eine ganz normale körperliche Verschleißerscheinung, zumeist sind davon nur einzelne Gelenke betroffen, die dann unter Umständen im Alter ersetzt werden müssen. Ein künstliches Hüftgelenk beispielsweise haben viele Senioren.

Die meisten älteren Menschen leiden an hohem Blutdruck und in der Folge an Arteriosklerose (wörtlich: Verhärtung der Arterien). Diese ist häufig das Resultat eines Lebens im Überfluss. Einziges Indiz für die schleichende Verkalkung und Verengung der Blutbahnen ist über lange Zeit ein zu hoher Blutdruck.

Darüber hinaus ist hoher Blutdruck auch für einen unsicheren Gang mitverantwortlich, es kommt nämlich häufiger zu Schwindelanfällen, die ein wackeliges Gefühl in den Beinen vermitteln.

Zu guter Letzt können die beschriebenen Unsicherheiten auch durch einen Morbus Parkinson (früher auch Schüttellähmung genannt) verursacht werden. Als Folge kommt es zu einer Verlangsamung, Verminderung und schließlich zum Fehlen von Spontanbewegungen. Zudem werden die Schritte immer kleiner und trippelnd. Auch das »Freezing-Symptom«, im Sinne von plötzlichem »Einfrieren« aller Bewegungen, gehört dazu. Und dann droht der Sturz.

Darüber sollten Sie sprechen!

Für viele alte Menschen scheint eine Gehhilfe quasi die erste Bankrotterklärung des Körpers zu sein – ein überdeutliches Signal für nachlassende Kräfte. Wie schwer das psychisch zu verarbeiten ist, kann man sich vorstellen. Weil aber die Konsequenzen durchaus dramatisch sein können, führt kein Weg an einem klärenden Gespräch vorbei.

Informieren Sie sich zuvor über mögliche dem unsicheren Gang zugrunde liegende Erkrankungen, und beobachten Sie, wann und in welchen Situationen der Stockschirm als Gehhilfe eingesetzt wird.

Gegen viele der Grunderkrankungen kann eine frühzeitige Therapie kleine Wunder wirken. Allerdings: Eine Kehrtwende im Sinne einer vollständigen Wiederherstellung gibt es selten.

Im Gespräch mit vielen Senioren zeigt sich, dass sie dankbar sind, wenn jemand ihr stilles Leiden erkannt hat und Lösungen anbietet. Ein gemeinsamer Arztbesuch ist eine gute Möglichkeit, die Ursachen zu klären.

Andere alte Menschen sind Weltmeister der »Vogel-Strauß-Politik«, getreu dem Motto: Nur nicht aussprechen, dann wird es schon wieder! Aber im Alter wird es selten wieder – und jedenfalls nicht wie zuvor.

Da mit der Unsicherheit im Gang auch immer eine Kränkung des eigenen Selbstbildes verbunden ist, gilt es, eben dieses im Gespräch auch ein wenig aufzupolieren. Loben Sie andere Fähigkeiten und Eigenschaften, die durch eine Gehhilfe nicht geschmälert werden. Eröffnen Sie neue Horizonte, und schmieden Sie gemeinsam Pläne für die Zeit mit Gehhilfe.

Informieren Sie sich!

Gehhilfen gibt es in großer Vielfalt, sie können unterschiedlich starke Unsicherheiten beim Gehen gut ausgleichen. Ein einfacher Gehstock beispielsweise leistet bei leichter Unsicherheit bereits gute Dienste. Allerdings muss er in der Höhe optimal angepasst, auf das Körpergewicht abgestimmt und aus stabilem Material gefertigt sein. Hier ist der optische Unterschied zum Stockschirm nur minimal, aber die Wirkung wesentlich. Etwas größere Sicherheit bieten Modelle mit anatomischem Handgriff.

Noch besser und sicherer sind so genannte Vierfußgehhilfen. Neben dem anatomischen Handgriff befinden sich am unteren Ende vier kleine Füße, die noch mehr Halt versprechen.

Optimale Gangsicherheit beschert das Deltagehrad oder der so genannte Rollator. Ein Deltagehrad ist ein Gestell mit drei Rädern, ein »Rollator« eines mit vier Rädern. Viele »Rollatoren« sind mit Korb oder Tablett ausgerüstet, sodass man Einkäufe verstauen kann und eine Ablage oder auch eine Sitzfläche hat.

Um herauszufinden, welche Gehhilfe die beste ist, lassen Sie sich – am besten gemeinsam mit Vater oder Mutter – beraten. Erkundigen Sie sich nach den technischen Daten, dem Gewicht des Gerätes, der Belastbarkeit, der Griffhöhe und dem Faltmaß. Wichtig ist, dass der alte Mensch allein mit der Handhabung klarkommt. Der Rest ist wie Fahrradfahren: Üben, üben, üben …

Erste Anlaufstelle ist für Gehhilfen der Hausarzt. Er wird die Ursachen für und den Grad der Gangunsicherheit prüfen und eine passende Gehhilfe verordnen.

❷ Schwächeres Reaktionsvermögen

»Willst du das Auto nicht besser stehen lassen?«

Wir kennen sie alle, die Autofahrer mit Hut, die mit Tempo 30 über die Landstraße kriechen und dabei eine lange Schlange ungeduldiger Verkehrsteilnehmer blinkend und hupend hinter sich herführen. Und ebenso kennen wir die älteren Damen, die nur mit Hilfe eines Sitzkissens knapp über das Lenkrad hinweggucken können, dafür aber mit fünfzig Sachen durch die verkehrsberuhigte Spielstraße donnern. Das sind Klischees, meistens unhaltbar natürlich, aber wenn man bei diesen Senioren im Auto sitzt, treibt es einem mitunter den Angstschweiß auf die Stirn.

Nicht selten gestaltet sich das Anfahren ruckhaft, wird ganz elegant das Stoppschild überfahren und auf dem Behinderten-Parkplatz diagonal eingeparkt. Als Beifahrer betätigt man ständig das unsichtbare Bremspedal und muss alle Beherrschung aufbieten, um dem Senioren hinterm Steuer nicht gleich ins Lenkrad zu greifen.

Jedes Mal, wenn man unbeschadet das Fahrzeug verlässt, schickt man ein Stoßgebet gen Himmel und schwört wieder einmal, endlich das heikle Thema anzusprechen: »Papa, willst du nicht endlich den Autoschlüssel an den Nagel hängen, den Führerschein zurückgeben, das Auto verkaufen?« Tausendmal hatte man die magischen Worte schon auf den Lippen, tausendmal hat man sich nicht getraut – aber warum ist ausgerechnet das so schwer?

Ein heißes Eisen: Lass doch das Auto stehen!

Tempolimit und Mautgebühren auf den Autobahnen, Führerschein mit 17 oder auf Probe – das Autofahren ist immer eine Schlagzeile wert. Ebenso ist ein Gesundheitscheck für Senioren oft in der Diskussion. Den Risikofaktor »Altern hinterm Steuer« greifen die Medien gerne auf: Von bewusstlosen Geisterfahrern wird berichtet und von amokfahrenden Rentnern – alles nur tragische Einzelfälle?

Wenn der Gesetzgeber eine verpflichtende Gesundheitsprüfung anordnen würde, wären die erwachsenen Kinder der alternden Autofahrer fein raus. Aber so lange es die nicht gibt, wird das Problem ins private Umfeld verschoben und damit aufgeschoben, bis es wirklich nicht mehr geht.

Positiv mag man den Senioren zugutehalten, dass sie wirklich über reichlich viel Fahrpraxis verfügen und – rein statistisch gesehen – auch nur wenige schwer wiegende Unfälle verursachen. Überwiegend sind es die kleinen Blechschäden, die auf das Konto der Senioren gehen. Das Ein- und Ausparken macht Probleme, das geschmeidige Anfahren und maßvolle Bremsen.

Das Alter hat seinen eigenen Rhythmus

Wenn Menschen älter werden, ändert sich der Rhythmus ihrer Tätigkeiten. Als junger Spund konnte man noch mehrere Dinge gleichzeitig tun, doch je älter man wird, desto öfter fühlt man sich von dieser Gleichzeitigkeit bedrängt und überfordert. Daran ist an sich nichts Schlimmes, denn wer mehrere Dinge gleichzeitig tun kann – und manchmal auch muss –, dem passieren mehr Fehler.

In der Mitte des Lebens hat jeder Mensch seinen idealen Rhythmus gefunden. Man ist nicht mehr so überschäumend und impulsiv wie in jungen Jahren, dafür sorgen Effektivität und Organisation für entsprechende Leistungsfähigkeit.

Mit zunehmendem Alter verliert der Mensch jedoch zunehmend an Schnelligkeit. Das muss kein Manko sein, denn mit dem Verlust des Tempos verändert sich zugleich die Art und Weise, wie wir Dinge angehen. Dem alten Menschen selbst muss das gar nicht so bewusst werden, doch dafür registriert es das Umfeld umso genauer.

Wer kennt nicht die Situationen, in denen man der Mutter oder dem Vater am liebsten zur Hand gehen möchte, wenn er oder sie eine Sache mit Behäbigkeit und Ruhe durchzieht. Die innere Unruhe, die uns dann beschleicht, ist ein Indiz für die Veränderung, die wir beobachten. Im Vordergrund steht mit zunehmendem Alter der Sinn und Zweck einer Tätigkeit, nicht das Tempo und nicht der Perfektionismus.

Was bedeutet das nun in Bezug auf das Autofahren? Auch dabei ändert sich der Rhythmus. Das Tempo wird unter Umständen langsamer, die Reaktionsfähigkeit ebenso. Den komplexen Anforderungen des Straßenverkehrs gerecht zu werden erfordert ein hohes Maß an Konzentration – nicht nur von den älteren Autofahrern, sondern von jedem Verkehrsteilnehmer, also auch von den Fußgängern, Radfahrern und so weiter.

Es dreht sich letztlich um die Frage: Kann ich mich in einem immer hektischeren und schnelleren Verkehrsumfeld noch sicher behaupten? Wenn nicht, dann machen sich Ängste breit, die den Aktionsradius (zum Beispiel indem man Autobahnfahrten vermeidet) ganz natürlich beschränken.

Aber das ist es nicht allein.

Das Alter schränkt ein, was man tun kann

»Mit dem Alter rückt das Erleben der Begrenzungen in den Vordergrund«, stellt der Psychoanalytiker Michael Ermann fest. Mit anderen Beschränkungen, so denkt man, kann man leichter leben als mit dem Verzicht aufs Autofahren. Aber kann man das wirklich? Was ist so schrecklich schlimm daran, dass man mit Ende siebzig nicht mehr Autofahren kann? Stellt man diese Frage ernsthaft, darf man auf impulsive Reaktionen gefasst sein. Da wird der Verlust von Freiheit, Selbstständigkeit und Unabhängigkeit angeführt. Nie mehr Einkaufen fahren, wann man gerade will, nie mehr allein zum Arzt fahren, wann man es für nötig hält, nie mehr einfach eine Fahrt ins Blaue unternehmen, wenn einem gerade der Sinn danach steht. Wer also die Frage aufwirft, sollte Antworten auf solche Einwände parat haben.

Fakt ist: Man kann auch ohne Auto leben. Bei näherer Betrachtung ergeben sich daraus sogar eine Menge Vorteile. Beispielsweise geht man mehr zu Fuß. Das ist gut für die Gesundheit, man kommt an die frische Luft und verbringt seine Zeit sinnvoll. Ohne Auto auszukommen bedeutet, dass man mehr Zeit in Planung und Organisation des Alltags investieren muss. Für ältere Menschen hat das den Vorteil, dass sie ihrem Tag eine neue, festere Struktur geben müssen. Das ist durchaus positiv, denn gerade die Tage, die strukturlos dahinfließen, werden im Alter als sehr belastend empfunden.

Wer nicht mehr selbst Auto fährt, ist auf andere angewiesen, aber die gemeinsamen Erledigungen, die an Stelle der Selbstständigkeit treten, können durchaus eine Bereicherung sein.

Mit jeder Tätigkeit, die das Alter nicht mehr zulässt, schafft es Raum für andere Tätigkeiten. Nicht mehr Auto zu fahren verurteilt also nicht zur Untätigkeit, sondern fordert nur auf, sich neu zu orientieren. Alte Menschen sind in Bezug darauf nicht besonders flexibel, aber das gilt für Menschen jeden Alters, die etwas aufgeben müssen, was ihnen lieb und teuer war. Der Bergsteiger, der keine Gipfel mehr erklimmen kann, weil es die Kniegelenke nicht mehr aushalten, ist davon ebenso betroffen wie der passionierte Skifahrer, der auf Langlauf umsatteln muss, weil es die Bandscheibe nicht mehr mitmacht. Tätigkeiten aufzugeben, die man gerne macht, fällt in keinem Alter leicht. Und wer sich darauf versteift, Tätigkeiten auszuführen, die seinem Alter oder seinem Gesundheitszustand nicht entsprechen, der ist starrköpfig – und war es wahrscheinlich schon immer.

Darüber zu jammern ist erlaubt, macht aber keinen Sinn. Sinnvoll ist es hingegen, sich im Bereich des Machbaren neu zu orientieren. Denn alles hat seine Zeit.

Gefragt: Offene Worte über körperliche Defizite

Wenn es einen Gesundheitscheck für ältere Autofahrer gäbe, dann müssten die körperlichen Defizite auf den Tisch. Weil es den aber nicht gibt, muss man sich selbst ein Bild von der körperlichen Leistungsfähigkeit des alten Autofahrers machen. Darauf sollten Sie Ihr Augenmerk richten:

Wie gut sind die Augen? Die Sehkraft nimmt mit fortschreitendem Alter ab. Das ist eine Tatsache, die sich natürlich nicht verallgemeinern lässt. Finden Sie also heraus, wie es um die Sehkraft bestellt ist. Fragen Sie nach den letzten Augenarztterminen und -befunden. Checken Sie, ob die Brille den aktuellen Werten entspricht. Auch Erkrankungen des Auges müssen mit ins Kalkül gezogen werden.

Wie gut ist das Gehör? Mit dem Alter lässt häufig auch das Gehör nach. Gradmesser dafür mag die Lautstärke des Fernsehers sein, wenn alte Menschen diese als »gerade richtig« empfinden. Gewissheit bringt aber nur ein Besuch beim Facharzt.

Ist die Reaktionsfähigkeit beeinträchtigt? Grundsätzlich mindert jede akute Erkrankung die Reaktionsfähigkeit. Das weiß jeder, der sich schon einmal mit einen Erkältung hinters Steuer gesetzt hat. Wenn die Nase tropft und der Husten quält, kann man sich kaum auf den Verkehr konzentrieren. Tatsache ist jedoch, dass beispielsweise Bluthochdruck oder Diabetes immer ein Risikofaktor sind und es auch während des Fahrens zu Situationen kommen kann, die eine Gefahr für den Fahrer, seine Beifahrer und die anderen Verkehrsteilnehmer darstellen. Häufige Begleitsymptome chronischer Alterserkrankungen sind Sehstörungen und Koordinationsprobleme, aber auch Schwächeanfälle bis hin zur Bewusstlosigkeit.

Ist die Bewegungsfähigkeit eingeschränkt? Wenn es mit dem Gehen nicht mehr so gut klappt, dann halten alte Menschen besonders hartnäckig am Auto und Führerschein fest. Dabei wird aber häufig außer Acht gelassen, dass man ja auch zum Autofahren seine Beine (bei der Automatik zumindest ein Bein) einsetzen muss. Plötzliche Muskelkrämpfe oder schmerzende Gelenke (zum Beispiel Knie oder Hüfte) können während der Fahrt zu einem akuten Problem werden. Kann Bremse, Kupplung oder Gaspedal nicht mehr zielsicher bedient werden, ist ein reibungsloser Fahrverlauf nicht gewährleistet.

Welche Medikamente sind im Spiel? »Zu Risiken und Nebenwirkungen fragen Sie Ihren Arzt oder Apotheker!« Das sollten

Sie tun, wenn Sie sich ein Bild von den Auswirkungen der Medikamente auf das Fahrverhalten Ihrer alten Eltern machen wollen. Nicht wenige Präparate sind mit dem Warnhinweis versehen, dass unter Einfluss der Wirkstoffe »das Führen von Fahrzeugen und das Bedienen von Maschinen« als gefährlich einzustufen ist. Unter anderem sind Schmerz- und Beruhigungsmittel mit auf dem Index gegen das Autofahren. Manchmal ist es aber auch die Kombination unterschiedlicher Medikamente, die die Leistungsfähigkeit beeinträchtigen. Darüber kann im individuellen Fall nur der behandelnde Arzt Auskunft geben.

Gute Voraussetzungen schaffen!

Um es gleich vorwegzunehmen: Den idealen Zeitpunkt, um das Thema »Lass doch dein Auto stehen« anzusprechen, gibt es nicht. Es ist immer schwierig und nie ideal. Deshalb ist es so wichtig, zuvor gute Voraussetzungen zu schaffen, um die Akzeptanz zu erhöhen. Man muss immer damit rechnen, dass alle möglichen Argumente aus dem Hut gezaubert werden, die die Notwendigkeit des eigenen Autos untermauern. Das bedeutet konkret: auf alle Einwände vorbereitet sein und schon einen Plan haben, wie sich das Problem lösen lässt.

Seniorenzentren, Nachbarschaftshilfe-Organisationen und ähnliche Einrichtungen bieten gegen ein knappes Entgelt Begleitung zu Arztterminen oder Hilfe beim Einkaufen an. Vielleicht findet sich auch eine hilfsbereite Nachbarin, die man fragen kann. Vorteil dabei: Es kommt zu neuen Kontakten, und die bringen immer etwas mehr Farbe ins Alltagsleben.

Erweist sich der alte Mensch als besonders starrköpfig, muss man unter Umständen praktische Überzeugungsarbeit leisten. Sie können sich zum Beispiel darauf einigen, den erdachten »Fahrplan« über einen gewissen Zeitraum auszutesten, ohne dass das Auto gleich abgemeldet wird.

Im Gespräch: Bleiben Sie am Ball!

Im Lauf des Lebens gibt es immer wieder Wendepunkte, an denen man sich von Gewohnheiten und Fähigkeiten verabschieden muss. Und jetzt ist das Autofahren dran.

Sicher wird Ihr Gegenüber nicht gleich begeistert sein, im Gegenteil, zumeist ist tiefe Kränkung die Reaktion. Mit stillschweigendem Einverständnis sollte man daher nicht rechnen. Bleiben Sie trotzdem am Ball – mit hilfreichen Chauffeurdiensten und alternativen Mobilitätsideen. Erst wenn die Vorteile, die das neue Arrangement bietet, für den alten Menschen offensichtlich werden, kann man auch mit Einsicht rechnen.

Aber was tun, wenn es nicht so ist? Wenn alle guten Argumente und Angebote kein Gehör finden? Muss man die Mutter oder den Vater dann nicht vor den Folgen der eigenen Unvernunft schützen? Wenn alte Menschen uns unvernünftig vorkommen, dann sind sie es meist auch. Jeder Mensch macht manchmal unvernünftige Sachen – und das ist ja eigentlich auch das Schöne daran. Die Unvernunft ist die Kehrseite der Vernunft, ohne das eine ist das andere nicht zu haben.

Vor den Folgen der Unvernunft muss man andere Menschen – unabhängig vom Alter – nur dann schützen, wenn großer Schaden droht. Und das muss individuell abgewogen werden.

❸ Nachlassendes Hörvermögen

»Papa, wird es nicht endlich Zeit für ein Hörgerät?«

Omas siebzigster Geburtstag, die ganze Familie ist am Tisch versammelt. Jeder redet mit jedem, nur Opa sitzt still in der Ecke. Als die Tochter den Geburtstagskuchen mit unzähligen brennenden Kerzen ins Zimmer trägt, ist der Jubel groß. »Na, schaffst du es, all die Kerzen auszublasen?«, fragt der Enkel in die gespannte Stille hinein. Der Großvater fühlt sich angesprochen und erwidert: »Blumenvasen, wofür braucht ihr Blumenvasen?« Keiner sagt ein Wort, nur die Enkelin kichert leise. »Papa«, spricht die Tochter ihren Vater direkt und mit lauter Stimme an, »du hast das falsch verstanden, es geht ums Kerzenausblasen, nicht um Blumenvasen. Meinst du nicht, es wird Zeit für ein Hörgerät?« – »Ach, quatsch«, sagt der Vater und verlässt beleidigt das Zimmer. »Ich und ein Hörgerät«, hört man ihn schimpfen.

Wenn der Mensch älter wird und die körperlichen Kräfte schwinden, dann sind fast immer auch die Sinnesorgane von diesem Nachlassen der Fähigkeiten betroffen. Bei manchen sind es die Augen, die verstärkt Probleme machen, und bei manchen ist es das Gehör, das im Alter nachlässt. Doch während die neue Brille leichter akzeptiert wird, ist das Hörgerät nach wie vor ein Tabu. Und das, obwohl Schwerhörigkeit bedeutet, ein Stück Lebensqualität aufzugeben.

Wer weniger hört, braucht mehr Lautstärke...

... denken offenbar die meisten Senioren. Da wird der Fernseher auf maximale Lautstärke gedreht, im Auto wummert die Volksmusik. Doch Gesprächspartner kann man nicht auf »volle Lautstärke« drehen, und deshalb wird die Welt still. Wer immer schlechter hört, der begibt sich auf eine einsame Wanderschaft. Heimlich, still und leise verabschieden sich ältere Menschen aus Gesprächen und Diskussionen, sind irritiert, wenn man sie trotzdem anspricht, und haben ständig Angst, die falsche Antwort zu geben. Manchmal entsteht sogar der Eindruck, sie wären allmählich verwirrt, doch dabei ist es nur die Schwerhörigkeit, die ihnen zu schaffen macht.

Hörverlust – ein ganz normaler Alterungsprozess

Ein Hörverlust im Laufe der Jahre ist nichts Ungewöhnliches. Die Empfindlichkeit der Ohren gegenüber den eintreffenden Schallwellen sinkt, weil das Trommelfell sich verdickt und die Gelenkverbindungen zwischen den Gehörknöchelchen sich versteifen. Als Folge kommt es zu Schwerhörigkeit.

Wenn alte Menschen schlecht hören, dann spricht man im Allgemeinen von Schallleitungsschwerhörigkeit. Neben der altersbedingten Degeneration kann auch verhärtetes Ohrenschmalz im äußeren Gehörgang die Weiterleitung von Schallwellen beeinflussen. Die genauen Ursachen kann nur ein Hals-, Nasen-, Ohrenarzt feststellen. Manchmal muss nur das verhärtete Ohrenschmalz entfernt werden, und der Betroffene hört wieder besser.

Ein weiteres Problem ist der so genannte Tinnitus, der im Alter häufig auftritt. Dabei kommt es zu summenden, pfeifenden, klingelnden und pulsierenden Geräuschen im Ohr, die nur im Innern des eigenen Kopfes wahrgenommen werden und andere Geräusche oder Gespräche überlagern. Für die Betroffenen ist das extrem belastend, vor allem weil ja kein anderer von diesen Beschwerden etwas mitbekommt. Auch in diesem Fall ist der Facharzt der richtige Ansprechpartner.

Der Hörsturz

Auch davon sind überwiegend ältere Menschen betroffen. Bei einem Hörsturz kommt es zur plötzlichen Schwerhörigkeit auf einer Körperseite. Der Grund dafür ist noch nicht gefunden, man vermutet als Auslöser unter anderen Durchblutungsstörungen und infolge dessen eine verminderte Sauerstoffversorgung des Innenohrs. Auf alle Fälle sollte man umgehend einen Arzt aufsuchen, denn je früher mit der Behandlung begonnen wird, desto besser sind die Heilungschancen.

Hörgerät – muss das sein?

Wer trotz nachlassendem Hörvermögen noch aktiv am Leben teilnehmen will, der sollte sich mit dem Gedanken an den Einsatz des Hörgeräts anfreunden. Im Prinzip ist das Hörgerät nichts anderes als ein akustischer Verstärker. Und das funktioniert so: Das Geräusch wird von einem Mikrofon aufgefangen, verstärkt und über einen Lautsprecher an das Ohr weitergeleitet. Der technische Fortschritt erlaubt es, Hintergrundgeräusche zu unterdrücken, dennoch empfinden viele alte Menschen das neue »Hörgefühl« als befremdlich. Doch Experten wissen: Es braucht einfach Zeit, um sich an den neuen Höreindruck zu gewöhnen.

Nun ist es nicht so, dass man einfach in ein Fachgeschäft geht und ein beliebiges Hörgerät kauft. Beispielsweise muss das Ohrpassstück individuell angefertigt werden, um Druckgefühle oder Rückkopplungen zu vermeiden. Auch wird die Einstellung des Gerätes auf die individuellen Bedürfnisse des Patienten abgestimmt. Das alles braucht Zeit und Offenheit. In der Tat ist es so, dass nur wenigen Menschen *nicht* mit einem Hörgerät zu helfen ist. Viele geben zu früh auf, sodass der Körper keine Chance hat, sich an das Hilfsmittel zu gewöhnen.

Klare Worte wählen

Hören alte Menschen immer schlechter, so ist es wichtig, ihnen mit klaren Worten einen Arztbesuch zu empfehlen. Ohne ärztliche Diagnose geht gar nichts, und wer keine Hilfe annimmt, der hat schlechte Zukunftsaussichten. Vielleicht braucht es ja auch kein Hörgerät, um die Hörqualität wieder zu verbessern.

Versuchen Sie zudem im Vorfeld, die Vorbehalte gegenüber Hörgeräten auszuräumen. Die Technik ist heute so weit entwickelt, dass dadurch deutlich mehr Lebensqualität erreicht werden kann, als das früher einmal der Fall war.

❹ Vergesslichkeit

»Hast du schon wieder deine Tabletten vergessen?«

Oma Lena kramt in ihrer Handtasche herum: »Verflixt nochmal, wo habe ich denn…«, murmelt sie vor sich hin. »Was suchst du denn, Mama? Kann ich dir helfen?«, fragt der Sohn. Verwirrt schaut ihn Oma Lena an: »Ich hab's vergessen«, sagt sie, »ich hab vergessen, was ich eigentlich suche.«

Der Sohn schmunzelt, etwas vergessen, während man dabei ist, es zu suchen, das kennt er auch. Neulich, da ist er vom Frühstückstisch aufgestanden, um die Zeitung zu holen, und unterwegs zur Gartentür hatte er doch glatt vergessen, warum er vor die Tür gegangen war. Er war mit seinen Gedanken woanders, bei der Besprechung im Büro, die der Chef für den Vormittag angesetzt hatte, bei der Mathe-Fünf des Sohns, dessen Versetzung gefährdet ist, bei dem neuen Auto, dass er sich vielleicht kaufen möchte … Kein Grund zur Panik, denkt er sich, bis ihn die Stimme seiner Mutter in die Wirklichkeit zurückholt. »Ich glaube, ich werde verrückt«, sagt sie. »Nichts kann ich mir merken.«

Mit vierzig vergisst man den Namen von Schauspielern und Politikern, die Titel von Filmen, die man schon tausendmal gesehen hat, oder die Songtexte von Sängern, die man sein Leben lang gehört hat. Da verlegt man mal seine Schlüssel oder das Handy und scherzt »Frühstadium Alzheimer«, wenn man es dann wieder findet. Mit siebzig sind solche Scherze nicht mehr erlaubt, man vergisst ständig irgendetwas und findet verlorene Gegenstände an den unmöglichsten Stellen wieder. Da kann man es schon mit der Angst bekommen.

Die Angst, den Verstand zu verlieren

Im Alter lassen nicht nur die körperlichen Kräfte nach, auch der Geist ist manchmal in Mitleidenschaft gezogen. Die Menschen werden vergesslicher und sind manchmal verwirrt, sie können sich nicht richtig konzentrieren und werden zunehmend ungeduldig mit sich selbst. Sie neigen zur Überreibung: »Ständig vergesse ich alles! Immer laufe ich in irgendein Zimmer, und wenn ich dort angekommen bin, weiß ich nicht mehr, was ich da wollte! Hoffentlich habe ich kein Alzheimer …«

Die öffentliche Wahrnehmung dieser Krankheit führt dazu, dass immer mehr alte Menschen Angst haben, daran zu erkranken. Was vor zwanzig, dreißig Jahren noch kaum der Rede wert war, macht heute Angst und Bange. Und gerade diese Angst führt dazu, dass die »ganz normale Vergesslichkeit« häufig überbewertet wird.

Zahlreiche Faktoren spielen zusammen, wenn es um die Gedächtnisfunktionen geht: das Hören und das Sehen, die mangelnde Aufmerksamkeit und die fehlenden Reize, depressive Verstimmungen und die Nebenwirkungen von Medikamenten. Das alles kann eine Rolle spielen, wenn man immer vergesslicher wird. Nicht jede Gedächtnisschwäche ist gleich ein Anzeichen für Demenz und nicht jede Demenz ist gleich Alzheimer.

Aber die Angst davor macht eben alles noch schlimmer.

Auch das Gehirn wird älter

Das Altern ist ein Prozess der kontinuierlichen Veränderung. Der Körper, die Sinne und der Geist sind davon betroffen. Wenn das Gehirn älter wird, dann werden die Reaktionen langsamer. Es sterben Gehirnzellen ab, und Verbindungen zwischen den Hirnzellen werden gekappt. Das ist nicht krankhaft, sondern in gewissem Rahmen normal.

So nimmt mit fortschreitendem Alter das Gehirn an Größe, Gewicht und Umfang ab. Der Hauptgrund liegt im Absterben von Hirnzellen. Im Gegensatz zu anderen Körperzellen haben Hirnzellen nur eingeschränkt die Fähigkeit der Erneuerung. Das führt etwa ab dem vierzigsten Lebensjahr zu einem Gewichtsverlust des Gehirns. Der Verlust von Hirnzellen betrifft vor allem Gehirnregionen, die für das Gedächtnis zuständig sind. Hippocampus und Amygdala im limbischen System schrumpfen zwischen dem sechzigsten und siebzigsten Lebensjahr im Allgemeinen zwischen 20 und 25 Prozent. Ebenso verändern sich die Neuronen, und dieser Verfall erklärt unter Umständen Erinnerungslücken und Konzentrationsschwächen im Alter.

Doch auch wenn sich das alles dramatisch anhört, der Verlust beeinträchtigt die Hirnleistung kaum, denn es scheint weniger auf die Anzahl der Hirnzellen anzukommen als auf die Verbindungen, die noch bestehen. Und je mehr und je intensiver das Gehirn trainiert wird – Stichwort »Gehirnjogging« –, desto komplexer und effektiver arbeiten die Verbindungen. Das könnte erklären, warum manche Menschen trotz zunehmendem Alter geistig fit sind und andere immer mehr abbauen, auch wenn keine Hirnerkrankung vorliegt.

Einig ist sich die Wissenschaft, dass mentale Prozesse mit zunehmendem Alter langsamer ablaufen. Das haben Tests mit älteren Menschen gezeigt, bei denen einzig die Reaktionszeit eine Rolle spielte. Zwar verarbeiten ältere Menschen Informationen langsamer als jüngere, aber das bedeutet nicht, dass ihre Lernfähigkeit abnimmt. Was alten Menschen fehlt, wird durch Erfahrung kompensiert.

Mögliche Ursachen für Hirnleistungsstörungen

Es gibt zahlreiche Theorien, warum die geistige Leistungsfähigkeit im Alter abnehmen kann. Dazu gehören genetische Veranlagungen ebenso wie die nachlassende Produktion der körpereigenen Neurotransmitter. Das sind Botenstoffe, die das Gedächtnis unterstützen. Im Gegenzug gewinnt Cortisol (das ist das Stresshormon) an Gewicht, was dazu führt, dass die Neurotransmitter immer schwächer werden und dadurch der Zugriff des Gehirns auf bestimmte Informationen erschwert wird. Auch Umweltgifte stehen im Verdacht, zu Störungen zu führen, ebenso wie ein Abbau der so genannten Myelinhülle, die die Nervenzellen umhüllt.

Dieser Abbau bringt es mit sich, dass die Verknüpfungen zwischen den Zellen schlechter funktionieren.

Eine häufige Ursache für Hirnleistungsstörungen sind Durchblutungsstörungen des Gehirns. Diese sind reversibel, also heilbar, und deshalb kein Grund zu Angst und Sorge. Es gibt hoch-wirksame pflanzliche Medikamente, die für eine bessere Hirndurchblutung sorgen (zum Beispiel der Extrakt des Ginkgo-Blattes), und es gibt regelmäßiges Training, das bereits erwähnte Gedächtnistraining. Zahlreiche Bücher und Broschüren bieten dazu Anregungen. Und in jüngeren Forschungen wird der Zusammenhang zwischen Hirnleistung und Bewegung immer deutlicher.

Demenzerkrankungen: Das große Vergessen

Die Reise zum Sonnenuntergang des Lebens, so nannte der ehemalige US-Präsident Ronald Reagan seinen letzten Lebensabschnitt. Es muss wohl eine seiner letzten bewussten Aussagen gewesen sein, bevor er sich in das Schicksal seiner Alzheimer-Krankheit ergab.

Leider ist es nicht jedem vergönnt, seinen Lebensabend unbeschwert zu genießen. Geht der Verlust der geistigen Kräfte so weit, dass selbst die einfachen Dinge des Alltags nicht mehr bewältigt werden können, spricht man von Altersverwirrung oder Demenzerkrankung.

Zu den häufigsten demenziellen Erkrankungen gehört die senile Demenz oder *Alzheimer-Krankheit.* Sie beginnt schleichend und wird von den meisten Menschen erst wahrgenommen, wenn es für eine Verzögerung des Verlaufs bereits zu spät ist – eine Heilung ist allerdings bislang unmöglich. Anfangs vergessen die Patienten viel und fühlen sich oft bestohlen, weil sie verlegte Dinge nicht wieder finden. Dann kommen Sprachstörungen hinzu und schließlich die Desorientierung in Bezug auf Zeit und Raum. Ganz dramatisch wird die Situation, wenn die Betroffenen sich nicht mehr an die Namen ihrer Kinder oder des Lebenspartners erinnern können. Da die Zahl der Gehirnzellen kontinuierlich abnimmt, ist keine Besserung zu erwarten, und die

Betroffenen entwickeln sich immer weiter zurück. Für die Angehörigen und Partner ist das besonders schmerzlich, und eine Pflege bringt sie oft an die Grenzen der Leistungsfähigkeit.

Ebenso häufig erkranken Senioren am *Morbus Parkinson*. Bei dieser Erkrankung geht zwar auch die Anzahl der Gehirnzellen zurück, aber dramatischer wirkt sich die starke verminderte Produktion des Botenstoffes Dopamin aus. Dopamin ist beispielsweise für die Steuerung der Muskelbewegungen zuständig. Das hört sich harmlos an, ist aber für den Betroffenen in allen Konsequenzen quälend. Im Vordergrund stehen drei Symptome, die für die Parkinson-Erkrankung charakteristisch sind: Akinese, Rigor und Tremor. Die *Akinese* ist verantwortlich für den maskenhaften Gesichtsausdruck, der typisch für Parkinson-Patienten ist. Der *Rigor* führt zu einer anhaltend hohen Muskelspannung, die den Körper und die Gliedmaßen in eine Beugehaltung zwingt. Vom *Tremor* schließlich sind nicht alle Patienten betroffen. Darunter versteht man das unkontrollierte Zittern der Gliedmaßen, insbesondere der Hände.

Für Parkinson-Patienten gibt es keine Heilung, allerdings sind die Therapiemöglichkeiten sehr gut, allein schon durch die Gabe von Dopamin in Tablettenform kann der Verlauf der Erkrankung hinausgezögert werden. Für Betroffene ist die Parkinson-Erkrankung in vielerlei Hinsicht schlimmer als Alzheimer. Er oder sie erlebt den körperlichen Verfall bei vollem Bewusstsein und wird des ewigen Zitterns oder der Starrheit irgendwann überdrüssig. Deshalb gehören stimmungsaufhellende Medikamente mit zur Therapie.

Die Angehörigen: Zwischen Trauer und Überforderung

Je älter Menschen werden, desto häufiger sind sie und ihr Umfeld auch mit dem mentalen Abbau konfrontiert. Die Angehörigen und der alte Mensch selbst empfinden das als weitaus bedrohlicher als den rein körperlichen Verfall. Wenn die Eltern noch zu zweit sind, dann haben sie wahrscheinlich noch gegenseitig die »Aussetzer« aufgefangen und die Familie mit Erklärungen beruhigt. Ist jedoch nur noch ein Elternteil da, so werden die Ausfälle offensichtlich und die möglichen Konsequenzen umso bedrohlicher.

Das Paradoxe daran ist allerdings, dass erwachsene Kinder, selbst wenn sie sich um den Geisteszustand der Eltern Sorgen machen, sich nicht trauen, mit ihnen darüber zu sprechen. Sie geben gerne vor, das aus Rücksicht zu tun, aber eigentlich nehmen sie dabei nur Rücksicht auf sich selbst. Indem sie die Erkenntnis weit von sich schieben, schieben sie auch die Verantwortung von sich.

Im Grunde ist das einfältig, denn es gibt mehrere so genannte Hirnleistungsstörungen, die ihre Ursache eben nicht in einer krankhaften Veränderung des Gehirns haben – wie oben beschrieben.

Allerdings wäre es fatal, die andere Möglichkeit völlig außen vor zu lassen, weil man damit die gute Chance der Verzögerung der Krankheit vergibt. Doch geht es um die nachlassende Geisteskraft, so steckt man gern erst einmal den Kopf in den Sand und möchte am liebsten von gar nichts etwas wissen. Die Demenzerkrankungen, insbesondere Alzheimer, werden von vielen als Makel angesehen oder als Fluch, der auf der Familie lastet. Wird eine solche Diagnose gestellt, gilt es, rasch Entscheidungen herbeizuführen. In diesen Fällen steht ein vollständiger Rollentausch unmittelbar bevor, der auch nicht hinausgezögert werden darf.

Flüssigkeit bringt das Gehirn in Schwung

Häufig ist die Ursache für Vergesslichkeit ganz simpel, schrecklich simpel: Alte Menschen trinken oft viel zu wenig. Sie trocknen aus, ihr Gehirn trocknet aus, weil sie nicht ausreichend Flüssigkeit zu sich nehmen. Diese Dehydrierung hat dramatische Auswirkung auf die Gehirnleistung – und lässt sich doch so einfach beheben.

Die möglichen Symptome und Folgen des Flüssigkeitsmangels sind Kopfschmerzen und Schwindel, Gleichgewichts-, Sprach- und Herzrhythmusstörungen, Verwirrtheit und Vergesslichkeit.

Ein Erwachsener sollte – unabhängig vom Durstempfinden – zwei Liter Flüssigkeit täglich zu sich nehmen. Das scheint viel zu sein, wenn man die Menge im Ganzen betrachtet und dabei nur an Wasser denkt. Leichter fällt das Trinken, wenn man die Flüssigkeit durch unterschiedliche Getränke zuführt – nur wichtig ist, dass der Tagesbedarf gedeckt wird. Schwarzer Tee und Kaffee sollten nur in Maßen getrunken werden, weil das wiederum zu einer Dehydrierung führt. Ein Tipp: Hilfreich ist es, sich morgens schon einen entsprechenden Trinkfahrplan herzurichten, der dann konsequent bis zum Abend eingehalten werden muss. Wer auf diese Weise stets seine Mindestmengen trinkt, wird schnell feststellen, wie klar und erfrischt er durch den Tag kommt.

Viele Senioren bekommen Entwässerungstabletten, um den Kreislauf zu entlasten und Wassereinlagerungen im Gewebe abzubauen. Nun denkt man vielleicht, dass weniger Trinken diese Tabletten überflüssig macht. Aber genau das Gegenteil ist der Fall: Wer solche Medikamente nimmt, muss extra viel trinken, um die Nierenfunktion zu unterstützen.

Fatal: Die Vogel-Strauß-Politik

Wenn alte Eltern darüber klagen, dass sie sich nichts mehr merken können, wenn sie Angst davor haben, verrückt zu werden, dann ist der Zeitpunkt zum Handeln gekommen.

Erfragen Sie Art und Umfang der Beschwerden und begleiten Sie Ihre Eltern zum Hausarzt. Es gibt eine Reihe einfacher Tests, die Aufschluss über die Gehirnleistung geben können. Das ist zumindest ein Anhaltspunkt, wie die Beschwerden einzustufen sind und worin die möglichen Ursachen liegen.

Und damit sind Sie schon auf dem richtigen Weg, auch alles, was möglich ist, für den Erhalt der geistigen Leistungsfähigkeit zu tun.

❺ Zukunftsplanung

»Was wird, wenn du alleine nicht mehr zurechtkommst?«

Familienkonferenz am Küchentisch: Gerade kommen die Geschwister aus dem Krankenhaus, in dem die Mutter nach einem Schlaganfall liegt. Zwar wird die Attacke ohne merkliche Folgen bleiben, hat der Arzt gesagt, doch man sollte sich Gedanken über die Zukunft machen. Es ist der Tag, den alle gefürchtet haben. Der Tag, an dem die Frage aller Fragen auf den Tisch muss: »Was wird, wenn sie/er nicht mehr alleine zurechtkommt?«

Viele alte Menschen betonen gerne im Brustton der Überzeugung, sie wollen den Kindern nicht zur Last fallen. Dieser Wunsch ehrt sie sehr, doch was ist die verborgene Botschaft, die hinter dieser Aussage steckt?

Es gibt auch mindestens ebenso viele alte Menschen, die die Versorgung durch die eigenen Kinder als selbstverständlich ansehen und einfordern. Ohne Wenn und Aber gehen sie einfach davon aus, dass sie ihren Lebensabend gemeinsam mit den Kindern verbringen – wer dabei zu wem zieht, darüber haben sie nie nachgedacht. Allen erwachsenen Kindern brennt die Frage, wie sich die Zukunft gestalten soll, unter den Nägeln. Und die meisten Kinder haben Angst, diese Frage so explizit zu stellen, weil sie die Antwort fürchten.

Schön wäre es: Gemeinsam Pläne schmieden

Niemand, ob jung oder alt, setzt sich gerne mit der eigenen Hilfsbedürftigkeit auseinander. Schon gar nicht dann, wenn diese Zeiten scheinbar noch so weit entfernt sind. Wichtig ist zu erkennen, dass mit der Hilfsbedürftigkeit das Leben noch nicht zu Ende ist. Die Kunst liegt im Annehmen und nicht im Wegschieben. Ebenso wie man bisher sein Leben gemeistert hat, sollte man auch der Zukunft seinen ganz persönlichen Stempel aufdrücken.

Dabei stehen alle Möglichkeiten offen, man muss die gebotenen Chancen nur nutzen. Damit sind alle Lebensentwürfe umsetzbar.

Dem Alter souverän begegnen, das schaffen jedoch nur ganz wenige Menschen. Souverän bedeutet nämlich, dass man sich rechtzeitig um eine Zukunft kümmert, die den eigenen Ansprüchen gerecht wird. Leider ist das Verdrängen viel häufiger anzutreffen, und so naht das Alter heran und unversehens werden Entscheidungen fällig, die so gar nicht ins eigene Konzept des Lebensabends passen.

Das gilt für alte Eltern und erwachsene Kinder gleichermaßen.

Wissen, was man will

Im Alter möchte man am liebsten die Zukunft ausblenden. Dabei kann jeder Mensch in jedem Alter in eine Pflegesituation (zum Beispiel durch einen Unfall) geraten.

Neben den unangenehmen Überlegungen, die mit der eigenen Hilflosigkeit und dem Tod verbunden sind, hält sich hartnäckig noch immer die Meinung, dass man ja beispielsweise als nächster Angehöriger automatisch die Entscheidungsvollmacht bekommt, wenn der Partner oder die Eltern nicht mehr allein entscheiden können. Doch so ist es nicht. Dieses Recht haben nur Eltern gegenüber ihren minderjährigen Kindern. Es gilt weder automatisch für Ehepartner noch für erwachsene Kinder in Bezug auf die Eltern.

Als Volljähriger kann man nur dann durch einen Angehörigen

vertreten werden, wenn eine entsprechende Vollmacht rechtzeitig erteilt wurde oder wenn man vom Gericht als Betreuer bestellt ist. Wer in diesem Sinne keine Vorkehrungen trifft, der wird (wenn er selbst nicht mehr entscheiden kann) vom Gericht unter Betreuung gestellt. Natürlich prüft man von Amtswegen, ob ein Angehöriger für die Betreuung infrage kommt. Wenn das aber nicht der Fall ist, so wird eine familienfremde Person mit der Betreuung beauftragt. Und das kommt häufiger vor, als man denkt.

Wer also die eigenen Geschicke nicht in die Hände eines wildfremden Menschen legen mag, den man ja noch nicht einmal kennt, der sollte rechtzeitig vorsorgen (vgl. Kapitel 5).

Ein offenes Gespräch mit den Eltern ist die beste Art und Weise, Licht ins Dunkel der Ängste und Sinn in die diversen Andeutungen zu bringen. Oft hat man ja schon eine Ahnung, wie die Eltern sich die Zukunft vorstellen, es ganz genau zu wissen, würde die Sache jedoch erleichtern. Tatsache ist: Ganz allein zurechtzukommen, schaffen nur ganz wenige alte Menschen, und doch wollen die meisten dort bleiben, wo sie sind, in der eigenen Wohnung nämlich und in der vertrauten Umgebung. Um diesen Wunsch zu erfüllen, müssen einige Bedingungen erfüllt sein.

Aber auch eine der Alternativen – nämlich zu den Kindern zu ziehen – bedarf reiflicher Überlegung und natürlich der Zustimmung und Bereitschaft von allen Seiten. Es lohnt sich durchaus, die möglichen Varianten zu durchdenken.

Allein zurechtkommen

Dabei ist es besonders wichtig zu lernen, Verpflichtungen abzugeben. Am Anfang mag es nur die Pflege des Gartens sein, den man nicht mehr allein in Schuss halten kann. Dann wird es vielleicht nötig sein, eine Putzhilfe zu engagieren, die sich um die körperlich anstrengenden Hausarbeiten kümmert. Auch das Waschen und Bügeln kann man delegieren, ebenso den wöchentlichen Großeinkauf.

Darüber hinaus kann man weitere Hilfsangebote annehmen, wie beispielsweise *ambulante Pflegedienste*. Hat man eine Pflegebedürftigkeit erreicht, sollte man sich nicht scheuen, diese auch durch eine Pflegestufe anerkennen zu lassen. Dann stehen den Pflegebedürftigen Gelder aus der Pflegekasse zu, die direkt mit einem anerkannten Pflegedienst abgerechnet werden können. Ambulante Pflegedienste kommen unter Umständen mehrmals täglich ins Haus (auch am Wochenende) und helfen beim Aufstehen, Ankleiden und Waschen. Sie unterstützen zudem die regelmäßige Medikamenteneinnahme und kümmern sich um andere pflegerische Belange (je nach Notwendigkeit).

Auch eine *Haushaltshilfe* kann über die Gelder der Pflegeversicherung mit finanziert werden. Darüber hinaus muss man sich Gedanken machen, wer sich noch um die Instandhaltung von Haus und Garten kümmern könnte. Etliche soziale Organisationen sind in diesem Bereich tätig und übernehmen auch Hausmeisterdienste. Viele alte Menschen haben trotzdem Vorbehalte,

Sicherheit im Haus

Mehr Sicherheit für allein lebende Senioren vermitteln so genannte Notrufsysteme (Hausnotruf oder Notruffinger), die von vielen sozialen Organisationen angeboten werden. Dabei handelt es sich um kleine elektronische Geräte, die man ständig mit sich trägt (zum Beispiel an einer Kette um den Hals). Dieses Gerät wählt sich per Knopfdruck über das Telefon zur Notrufzentrale durch und aktiviert so einen Notarzt beziehungsweise Krankenwagen. Manche Geräte verfügen über eine Freisprechfunktion, sodass die Notrufzentrale wichtige Informationen abfragen kann. Wer allein zu Hause lebt und pflegebedürftig ist, kann auf eine Finanzierung des Gerätes durch die Pflegekasse hoffen.

Andere Varianten des Notrufsystems basieren darauf, dass sich der alte Mensch regelmäßig morgens und abends bei einer Notrufzentrale meldet. Tut er das einmal nicht, rücken die Helfer automatisch an.

weil sie nicht gern fremde Menschen ins Haus lassen und es ihnen peinlich ist, wenn andere ihren Dreck beseitigen. Von diesen Bedenken sollte man sich allerdings freimachen. Der Preis für die Selbstständigkeit ist das Annehmen von Hilfe.

Wenn es auch mit dem Kochen nicht mehr klappt, kann man auf den Service mobiler Mahlzeitenlieferanten – Stichwort »Essen auf Rädern« zurückgreifen. Dann steht wenigstens einmal am Tag eine warme Mahlzeit auf dem Tisch, und auch die Hilfe bei der Nahrungsaufnahme können Zivildienstleistende übernehmen. Die meisten Anbieter haben eine große Menüauswahl, die auch Spezialdiäten enthält.

Zum sozialen Netzwerk, das notwendig ist, um ein Leben in den eigenen vier Wänden trotz Pflegebedürftigkeit zu ermöglichen, gehören natürlich auch Angehörige und Nachbarn. Man sollte aber stets darauf achten, diese freiwillige Hilfe nicht zu sehr zu strapazieren und Alternativen rechtzeitig anzudenken.

Einen alten Baum verpflanzt man nicht

Was der Volksmund damit ausdrücken will, ist die Tatsache, dass alte Menschen einen Wohnortwechsel oft schlecht verkraften. In den meisten Fällen bleibt das den alten Menschen jedoch nicht erspart. Der Verlust der eigenen Wohnung ist häufig mit einem Verlust des gesamten vertrauten Umfelds gleichzusetzen. Denn eine Distanz von 20 Kilometern zum früheren Wohnort ist für die alte Person oft fast ebenso unüberwindbar, wie eine von 200 Kilometern oder mehr.

Einem älteren Menschen fordert ein Umzug immer eine Menge ab – ganz gleich, wohin die Reise geht. In erster Linie sind es Anpassungsschwierigkeiten, die zu schaffen machen. Zieht man zu den Angehörigen, hat man zwar künftig vertraute Gesichter um sich, aber man muss trotzdem den Abschied von den eigenen vier Wänden verkraften. In zweiter Linie gilt es, sich in den Tagesablauf einer anderen Familie einzufügen und sich mit deren Gewohnheiten zu arrangieren.

Trotz aller Belastungen sind viele Angehörige zur Aufnahme

der alten Mutter oder des alten Vaters in den eigenen Haushalt und/oder zur Pflege bereit und erleben dadurch auch eine Bereicherung. Doch meistens ist es letztlich eine Frage der Mittel und der Gelegenheit.

Einen Konsens finden

Was wollen die Eltern? Was wollen die erwachsenen Kinder? Sich frühzeitig mit der Zukunft im Alter zu beschäftigen ist ideal für beide Seiten. Die älter werdenden Eltern können ohne Angst und Ungewissheit in die Zukunft schauen, und die Kinder können sich rechtzeitig Gedanken machen, wie sie diese gewünschten Verhältnisse herstellen. Also: nur Mut!

Sind alle Kriterien durchdacht, alle Alternativen erwogen, alle Rechnungen erstellt, dann geht es daran, eine Entscheidung zu treffen. Die Eltern bereits im Vorfeld einmal mit dem einen und dann mit dem anderen Vorschlag zu konfrontieren macht oft wenig Sinn. Solange sie geistig fit sind, sollte man den Fächer der Möglichkeiten vor ihnen ausbreiten und ihnen die freie Wahl lassen.

Dass, was Sie persönlich nicht leisten können, stellen Sie nicht zur Diskussion. Sollten Sie sich entschieden haben, dass eine private Pflege – aus welchem Grund auch immer – nicht möglich ist, müssen Sie diesen Entschluss aber begründen können. Das ist unter Umständen hart. Falsch wäre es jedoch, etwas gegen die eigene Überzeugung zu tun oder die Eltern zu vertrösten beziehungsweise im Ungewissen zu lassen etwa mit Aussagen wie: »Wenn du dich erst einmal eingelebt hast, dann wird es dir schon gefallen. Ansonsten müssen wir uns halt etwas anderes überlegen.« Solche Beschwichtigungen lassen immer noch ein Hintertürchen offen und schüren Hoffnungen, die nicht erfüllt werden können. Eine klare Botschaft sollte in diesen wichtigen Gesprächen vermittelt werden: »Ich bin immer für euch da, wenn ihr Hilfe braucht.« Aber ebenso klar und deutlich sollte man auch die eigenen Grenzen aufzeigen.

Kapitel 2

Fünf Fragen rund um Hygiene und Sauberkeit

Eltern sagen uns, wenn wir noch jung sind, was wir zu tun haben. Sie lieben, loben und bestrafen. Sie lehren uns, was gut und böse ist. Sie gestalten unser Weltbild, unsere Religion und Moral, prägen unsere politische Meinung und unser kulturelles Interesse. Das klingt alles ganz hochtrabend und anspruchsvoll, aber was Eltern uns vermitteln, das sind auch ganz praktische, nützliche Dinge. Den Stellenwert von Sauberkeit und Hygiene beispielsweise, was ein ordentliches Auftreten ausmacht und wo die Grenze zwischen Offenheit und Scham gezogen wird. Wenn wir größer werden und aus dem Haus gehen, nehmen wir all das mit – und machen uns unseren eigenen Reim darauf. In punkto Ordnung und Sauberkeit, in Sachen Outfit und Auftreten, ebenso ist es mit Scham und Schamlosigkeit.

Vierzig Jahre später finden wir uns unverhofft in Situationen wieder, die wir uns nie vorstellen konnten. Wir rümpfen die Nase über Mutters Haushaltsführung, genauso wie sie sich über unser unordentliches Kinderzimmer mokiert hat. Wir zupfen dem Vater die Krawatte zurecht, als wäre er ein kleiner Schulbub.

Der Rollenwechsel erschreckt uns und manchmal könnten wir darüber lachen, wenn die Sache nicht so ernst wäre. Wenn auf der einen Seite die Hemmungen fallen, dann schämen wir uns stellvertretend für unsere Eltern. Doch anstatt schamhaft wegzuschauen, gilt es in vielerlei Hinsicht, genauer hinzugucken und unangenehme Tatsachen mit Diplomatie und Geschick anzusprechen.

»Nur wer alt wird«, schrieb einst Arthur Schopenhauer, *»erhält eine vollständige und angemessene Vorstellung vom Leben, indem er es in seiner Ganzheit und seinem natürlichen Verlauf nicht nur von der Eingangs-, sondern auch von der Ausgangsseite übersieht.«* Unterstützen Sie Ihre Eltern darin, diese Herausforderung anzunehmen und das Leben bis zur Neige auszukosten. Auch wenn das oft viel Gelassenheit und Toleranz erfordert.

❶ Vernachlässigung der Wohnung

»Mama, soll ich dir mal meine Putzfrau vorbeischicken?«

Schon beim Öffnen der Haustür hält man eine Sekunde den Atem an. Es riecht muffig und abgestanden, die Heizung läuft mitten im Sommer auf Hochtouren, und in der Küche stapelt sich das Geschirr der letzten Tage. Früher war das anders. Früher hätte die Mutter Putzmittelwerbung machen können. Kein Stäubchen auf der Anrichte, kein Wasserfleck auf dem Likörglas.

Doch heute bedeutet beispielsweise ein Besuch des elterlichen Badezimmers eine Herausforderung der besonderen Art: Das Waschbecken ist mit Haaren und Zahncremeresten gesprenkelt und könnte eine Grundreinigung dringend gebrauchen. Die Handtücher, die am Haken hängen, müssten dringend ausgewechselt werden. Die Toilette, nun gut, da wollen wir mal besser nicht darüber reden … Ein Blick ins Schlafzimmer eröffnet noch ganz andere Perspektiven: Die Tagesdecke kaschiert, was sich darunter verbirgt, aber darauf stapelt sich die Bügelwäsche.

Es gibt Situationen, vor denen kann man einfach nicht die Augen verschließen, und ständiges Luftanhalten ist ebenso gegen die Natur. Lösungen müssen her, Fragen müssen gestellt werden. Putzfrau oder Heim – beides ist keine Alternative, obwohl man vielleicht schon manchmal daran denkt.

Nicht zu verachten: Der Wohlfühl-Faktor

Wer feststellt, dass die elterliche Wohnung vernachlässigt wird, möchte den Stier am liebsten gleich bei den Hörnern packen und handeln, doch nachdenken und das Gespräch suchen ist sicherlich die bessere Alternative.

Die zentrale Frage, die man sich stellen muss und über die sich nachzudenken lohnt, ist nämlich nicht: »Wie empfinde ich die Wohnung meiner Eltern?« Die Frage lautet vielmehr: »Wie empfinden meine Eltern ihre Umgebung?« Wenn sie sich nämlich wohlfühlen, besteht kein akuter Handlungsbedarf.

Um was es eigentlich geht, ist das Maß der Dinge. Das Maß an Ordnung beispielsweise, die man braucht, um sich wohlzufühlen, oder ohne die man sich eben nicht mehr wohlfühlen kann. Insbesondere Ordnung ist Geschmackssache, aber keine Notwendigkeit.

Oft hilft es, wenn man die Dinge einmal aus einem anderen Blickwinkel heraus betrachtet: Eine saubere, ordentliche Wohnung erfordert Kraft, Ausdauer, ausreichendes Sehvermögen, Koordinationsfähigkeit und manuelles Geschick. Darüber hinaus noch Zeit – und das ist das einzige, was alte Menschen wirklich im Übermaß besitzen. Die Kraft hingegen lässt nach und damit verbunden auch die Ausdauer, die Augen werden schlechter und die Hände immer ungeschickter. Mehrere Dinge gleichzeitig tun zu können, das ist ein Privileg der Jugend. Alte Menschen verlieren diese Fähigkeit Stück für Stück. Der Preis der Sauberkeit wäre Überforderung, da lohnt es, ein wenig Schmuddeligkeit in Kauf zu nehmen, um – ohne sich überfordert zu fühlen – noch zurechtzukommen.

Hausarbeit als Mittel zum Zweck

Hausarbeit im Alter stellt eine sinnvolle Beschäftigung dar. Sie erfüllt einen konkreten Zweck und gibt dem Tag Struktur und dem Leben Sinn. Ohne zweckvolle Tätigkeit macht es keinen Sinn, morgens aufzustehen, sich anzuziehen, das Essen zuzubereiten und so weiter.

Wer aufsteht, muss anschließend das Bett machen. Wer sich anzieht, muss schmutzige Wäsche in die Waschmaschine stecken. Wer Essen zubereitet, muss Geschirr abwaschen. Alle diese simplen Vorgänge ziehen einen ganzen Rattenschwanz an notwendigen Hausarbeiten nach sich. Das geht uns so, und das geht den alten Menschen ebenso. Der Unterschied liegt lediglich darin, dass wir vielleicht noch mit Energie in den Tag starten und, durch äußere Zwänge getrieben, nicht zur Ruhe kommen und deshalb so viel bewegen. Dazu allerdings reicht im Alter nicht unbedingt immer die Kraft.

Was bedeutet das konkret? Putzfrau oder doch Heim oder weitermachen wie bisher? Letzteres ist die beste Variante, zumindest solange keine konkrete Gesundheitsgefährdung vorliegt, sind radikale Maßnahmen nicht notwendig. Im Gegenteil, denn in einem Altersheim ist es zwar sauber und ordentlich, aber es fehlt jegliche (notwendige) Beschäftigung. Eine Bastelstunde am Nachmittag und ein bisschen Gedächtnistraining einmal die Woche können die Anforderung einer Haushaltsführung nicht ersetzen. Auch das Engagement einer Putzfrau könnte den Verlust einer gewissen Sinnhaftigkeit bedeuten. Und das wäre schade.

Anforderungen fördern Fähigkeiten

Sich selbst zu fordern bedeutet nämlich auch, Fähigkeiten, die man hat, zu nutzen, zu pflegen und zu fördern. Keine Frage, dass man bei der Haushaltsführung vielleicht auch etwas Unterstützung brauchen könnte, aber diese sollte maßvoll, also zurückhaltend sein. Es muss für den alten Menschen immer noch so viel zu tun bleiben, dass der Antrieb, der daraus erwächst, spürbar ist. Und das ist durchaus wortwörtlich zu verstehen. Die Notwendigkeit, Dinge selbst zu erledigen, ist eine Herausforderung, die alte Menschen brauchen. Denn: Wer sich nichts abverlangen muss, lässt sich gehen. Und wer sich gehen lässt, verliert sich selbst.

Überdenken Sie Ihre eigenen Maßstäbe!

Mit alten Eltern über Sauberkeit beziehungsweise Schmuddeligkeit zu sprechen ist undenkbar schwer. Bedeutet es doch, einen Maßstab anzulegen, an die Fähigkeiten der Eltern und ihre Selbstbestimmung. Damit begibt man sich auf sensibles Terrain. Besser ist es da, die Anforderungen zu überdenken und neu zu formulieren. Man muss lernen, Prioritäten hinsichtlich der Anforderungen zu setzen und daraus folgend Präferenzen im Handeln zu setzen. Für grobe Putzarbeiten (zum Beispiel der Fenster) kann man durchaus eine Putzfrau engagieren. Die aber muss klare Anweisungen bekommen und auch beherzigen. Getreu dem Motto: So viel Unterstützung wie nötig, so viel Selbstbestimmung wie möglich.

Es hilft durchaus, Tätigkeiten aufzulisten und auf Tage zu verteilen. Zeitpläne geben älteren Menschen eine Struktur vor, erinnern an Notwendiges und Unentbehrliches. Will man Zeit sinnvoll nutzen, müssen Körper und Geist »bewegt« werden. Eine Haushaltsführung lastet in diesem Sinne aus. Und was zu viel wird, muss delegiert werden. Anforderungen müssen so gestaltet sein und von Zeit zu Zeit neu gestaltet werden, dass man damit stets zurechtkommt – und niemals so, dass man daran verzweifelt.

Nehmen Sie die Krisenherde dosiert in Angriff!

Das vor allem sollte man bei Gesprächen mit alten Eltern nicht aus dem Auge verlieren: So wie Sie als kleines Kind das Vertrauen Ihrer Eltern brauchten, um Fähigkeiten zu entwickeln und zu perfektionieren, brauchen jetzt Ihre alten Eltern Ihr Vertrauen, um wichtige Fähigkeiten zu bewahren.

Statt zu meckern, sollte man also besser die eigenen Ansprüche überdenken und gegebenenfalls korrigieren. Statt mit der Tür ins Haus zu fallen, suchen Sie das Gespräch. Gegen muffige Luft in den Räumen hilft das Öffnen der Fenster, und gegen stille Bedenken hilft ein offenes Wort.

Doch bevor Sie aussprechen, was Sie denken, sollten Sie die Punkte zusammenstellen, in denen Unterstützung notwendig ist. Wichtig ist beispielsweise die regelmäßige Reinigung des Badezimmers und der Küche. Auch sehr wichtig sind die regelmäßige Entsorgung des Abfalls und das Waschen der schmutzigen Wäsche. Im Gespräch mit den Eltern sollten Sie dann nicht gleich alles auf einmal vorbringen, sondern mit den wichtigsten Defiziten der Bewältigung des Haushaltes beginnen.

Vermeiden Sie einen vorwurfsvollen Ton und achten Sie darauf, dass das Gesagte auch richtig ankommt. Das kann es aber nur, wenn sie angemessen formulieren. Viele erwachsene Kinder neigen dazu, die älter werdenden Eltern herumzukommandieren wie ein Kleinkind. Das ist vollkommen unangebracht!

Alte Menschen blicken auf ein langes Leben und einen reichen Erfahrungsschatz zurück. Im Bezug auf das anstehende Gesprächsthema bedeutet das: Die Mutter weiß mit Sicherheit um die Defizite ihrer Haushaltsführung, doch sie sieht keine Lösung für das Problem. Falsch ist es, ihr Dinge einfach abzunehmen oder sie nicht an Entscheidungen zu beteiligen. All das wäre äußerst demütigend.

Richtig ist es, sie selbst die Situation einschätzen zu lassen und verschiedene Lösungsmöglichkeiten aufzuzeigen und mit ihr zu besprechen.

Pragmatische Lösungen für praktische Probleme

Gegen mangelnde Sauberkeit hilft putzen – das ist ein ganz pragmatischer Lösungsansatz. Wenn Sie im Gespräch herausfinden konnten, was Ihre Mutter nicht mehr leisten kann oder will, gilt es, dafür Alternativen zu finden. Sie müssen dann möglichst gemeinsam mit der Mutter oder dem Vater zwischen eigenem (Zeit-)Einsatz und finanziellen Möglichkeiten abwägen. Vielleicht kann man zusätzlich zur Hilfe von außen ab und zu selbst einen Putzeinsatz bei den Eltern einrichten – das wäre das Ideal. Denn beim gemeinsamen Abwasch oder dem Zusammenlegen der Bügelwäsche kommt man sich näher und ins Plaudern. So kann man gut herausfinden, welche körperlichen Einschränkungen der Grund für die Veränderungen sind. Sie bekommen es beispielsweise unmittelbar mit, dass die Sehkraft nachgelassen hat und deshalb das Geschirr nicht mehr so sauber ist wie zuvor.

Darüber hinaus gilt es, körperliche Defizite, die vielleicht durch das Gespräch über die unsaubere Wohnung zur Sprache kamen, im Blick zu behalten und den Ursachen auf den Grund zu gehen. Mangelnde Sehkraft oder motorische Defizite können organische Ursachen haben, die durch entsprechende Behandlung korrigiert werden können (siehe Kapitel 1).

❷ Nachlässiges Äußeres

»Wollen wir nicht mal bummeln gehen?«

Die Mutter war immer adrett und schick, der Vater stets korrekt gekleidet und ordentlich. Das war gestern, heute ist es anders. Der Vater erscheint im verwaschenen Polohemd auf der Geburtstagsfeier des Enkels. Zu den Sandalen trägt er weiße Tennissocken, und die Hose hat er bis knapp unters Kinn hochgezogen. Auch nicht besser ist sein Auftritt auf Tante Ernas sechzigstem Geburtstag: Seine Krawatte hängt schief über dem ehemals weißen Hemd, das Jackett ist zu groß, die Hose zu kurz.

Auch die Mutter lässt sich immer mehr gehen: Unfrisiert, mit bequemer Jogginghose und einer uralten Strickjacke bekleidet, kommt sie an die Tür. Wo ist die schicke alte Dame geblieben, die noch bis vor wenigen Monaten stets wie aus dem Ei gepellt zum Sonntagsausflug vor die Tür trat? Heute hat die Bluse Flecken und ist falsch zugeknöpft. Alles zwar nur Kleinigkeiten, aber ein Dorn im Auge des Betrachters.

Wenn die Eltern sich so gehen lassen, zeigt sich das unschöne Bild des Alters, das wir nicht sehen wollen. Das äußere Erscheinungsbild ist aber nicht nur Fassade, sondern auf unterschiedliche Weise auch der Spiegel der Seele. Und das lässt tief blicken!

Nimmt das Alter die Eitelkeit mit?

Am Äußeren eines Menschen kann man viel ablesen. Bunte Farben und lebhafte Muster suggerieren gute Laune und Optimismus; dunkle Töne und dezente Designs machen einen strengen, gediegenen Eindruck. Auf die eine oder andere Weise hat jeder Mensch im Laufe seines Lebens seinen persönlichen Stil entwickelt – und an dieses Erscheinungsbild sind wir gewöhnt. Ändert sich nun diese gewohnte Erscheinung, tritt an die Stelle von formaler Kleidung der neue Schlabber-Look, wird aus der stattlichen Erscheinung ein peinlicher Auftritt, dann wird es Zeit, sich über die Hintergründe Gedanken zu machen. Die Palette der möglichen Ursachen ist weit gefächert.

Grundsätzlich ist ein nachlassendes Interesse an sich selbst immer auch ein Hinweis auf mangelnde Selbstachtung. Wer seine eigene Person missachtet, der hält es auch nicht für notwendig sein Äußeres zu pflegen. Wem seine eigene äußere Erscheinung so gleichgültig ist, der schickt damit subtile Botschaften aus. Welche das sind, muss man erst herausfinden.

Dabei gibt es verschiedene Ansatzpunkte. Sich gehen zu lassen kann eine innere Protesthaltung untermauern oder ebenso gut ein Hilferuf nach mehr Aufmerksamkeit sein. Es können körperliche Defizite ebenso dahinterstecken wie die ersten Anzeichen einer Depression. Bei der Fahndung nach dem Auslöser ist allemal Fingerspitzengefühl gefragt, denn das angeschlagene Ego darf keinesfalls noch mehr angegriffen werden.

Das Alter verändert die äußere Erscheinung des Menschen

Diese Veränderungen sehen wir selbst jeden Tag mit einem Blick in den Spiegel bestätigt. Die Falten werden tiefer, die Haare werden grau. Die Haut wird dünn und verliert an Elastizität. Da die Talgdrüsen nur noch wenig Sekret erzeugen, wird die Haut auch immer trockener. Die Schweißdrüsen stellen langsam ihre Produktion ein. Weil aber sehr viel Sonnenschutz-Farbstoff Melanin produziert wird, bilden sich im Gesicht und an den Händen unschöne Altersflecken. Auch das Haar wird dünner und hat seine natürliche Haarfarbe verloren. Haarausfall ist insbesondere bei Männern ein größeres Problem, da dafür auch Hormone verantwortlich sind.

Mit Haut und Haar verändert sich der ganze Körper: Menschen werden mit dem Alter kleiner, sie werden je nach Veranlagung dicker oder dünner, der Busen wird schlaff und der Po flach, an Armen und Beinen verliert man Muskelmasse, manche Erkrankungen zwingen zur gebeugten oder verkrampften Haltung.

Im fortgeschrittenen Alter baut der Körper beispielsweise immer mehr Knochensubstanz ab. Dabei handelt es sich um den ganz normalen Alterungsprozess. Zusammen mit der Schrumpfung der Bandscheiben führt das dazu, dass die Menschen im Alter kleiner werden.

Wie tief greifend die Veränderungen des Körpers sein können, lässt sich am Beispiel der Osteoporose verdeutlichen: Von dieser äußerst schmerzhaften Erkrankung sind Frauen häufiger betroffen als Männer. Das liegt daran, dass durch die Wechseljahre und die damit verbundene Hormonumstellung bereits ein Ungleichgewicht zwischen Knochenabbau und -aufbau entstehen kann. Der fortschreitende Abbau wird aber auch durch altersbedingte Funktionsstörungen der inneren Organe begünstigt, die sich in einem Kalzium- und Vitamin-D-Mangel manifestieren. Die Synthese von Vitamin D erfolgt mit Hilfe ultravioletter Sonnenstrahlung in der Haut. Weil ältere Menschen nicht so oft aus dem Haus gehen, gibt es dafür weniger Gelegenheit. Vitamin D wird in Leber und Nieren in ein aktives Hormon umgewandelt, das die

Kalziumaufnahme in den Knochen fördert. Weil aber beispielsweise auch die Nierenfunktion im Alter eingeschränkt ist, mangelt es oft an der Kalziumversorgung der Knochen.

Osteoporose verleiht den Betroffenen die typische gebeugte Körperhaltung des Alters. Früher sprach man vom »Witwenbuckel«.

So wie bei der Osteoporose haben viele Erkrankungen eine typische körperliche Veränderung zur Folge, und angesichts dieser und aller anderen Veränderungen des Körpers ist es nicht verwunderlich, wenn manch einer den Mut verliert und die Selbstachtung ins Wanken gerät. Und das alles hat natürlich noch eins zur Folge: Die alte Kleidung passt nicht mehr zum neuen Körper.

Abschied vom perfekten Outfit

Wenn sich der Körper verändert, müssen neue Kleidungsstücke her. Leichter gesagt als getan, denn für ausgedehnte Shoppingtouren fehlt den meisten älteren Menschen die Kraft, die Geduld und häufig auch das Geld. So wird Altes immer wieder recycelt.

Und auch das hat seinen Grund: Wie jeder Mensch haben auch die Älteren ihre Lieblingsteile, die sie schon seit vielen Jahren begleiten. Daran hängen Erinnerungen an bessere Zeiten, schöne Stunden und behagliche Momente. Von Erinnerungen trennt man sich nicht gern – und das gilt im Alter im besonderen Maß.

So passiert es häufig, dass alte Menschen immer das Gleiche anziehen. Es kümmert sie wenig, dass die Farbe verblasst und das Muster ausgewaschen ist. Oft argumentieren sie, dass das Anschaffen von neuer Kleidung in ihrem Alter doch ohnehin nur Geldverschwendung sei. Und doch liefern sie damit nur eine weitere Beschreibung für ihre mangelnde Selbstliebe. Dass der Mensch sich nicht für Wert erachtet, hat viele Facetten.

Nicht immer müssen die Gründe für eine zunehmende Vernachlässigung des Äußeren so tief schürfend sein: Wenn die Sehkraft nachlässt, kann man beispielsweise Flecken nicht erkennen, findet man nicht das richtige Knopfloch für den Knopf, zieht Socken mit unterschiedlicher Farbe an oder verwechselt den linken mit dem rechten Schuh. Das könnte zum Lachen sein, wenn es der betroffenen Person nicht so peinlich wäre.

Denkt man einmal genauer nach, dann gibt es für ein gelungenes Outfit noch andere Voraussetzungen, die im Alter nicht unbedingt erfüllbar sind. Neben einer Sehschwäche kann es auch an der Feinmotorik mangeln, die den Umgang mit Knöpfen und Knopflöchern, Ösen und Haken, Reißverschlüssen und Krawatten erschweren. Häufig fehlen schlicht die Kräfte zum Bügeln und der Blick für das knitterige Hemd.

Ankleiden, so stellt man dann fest, ist eine komplexe und anstrengende Sache, weshalb also in Schale werfen, wenn es eh keiner sieht?

Den Alltag leichter machen: Technische Anziehhilfen

Wenn Kraft und Bewegungsfähigkeit eingeschränkt sind, kann man zur Unterstützung der Selbstständigkeit auf allerlei kleine Hilfsmittel, zum Beispiel Anziehhilfen, zurückgreifen. Die meisten sind nicht teuer, bieten aber große Erleichterung. So zum Beispiel ein Strumpfanzieher, mit dem Strümpfe hochgezogen und in die richtige Position gebracht werden können. Ähnliches gibt es auch für Schuhe. Es gibt Geräte, die beim Schließen und Öffnen von Reißverschlüssen oder Knöpfen behilflich sind.

Greifhilfen sind auch zu haben, sie werden zum Aufheben von Gegenständen benutzt. Ebenso lässt sich die individuelle Körperpflege durch Verlängerungsstiele an Kämmen und Waschlappen erleichtern.

Höflichkeit ist eine Zier...

»Papa, du hast ja schon wieder das gleiche Hemd an!« Oft genug liegen uns diese oder ähnliche Vorwürfe auf der Zunge, und manchmal platzt man auch damit heraus. Kein besonders gelungener Auftakt!

Es ist immer schwierig, persönliche Kritik so zu verpacken, dass das Gegenüber nicht beleidigt wird und verletzt reagiert. Und wenn man ein heikles Thema wie die nachlässige Kleidung, ansprechen möchte, dann sollte man sich sehr bewusst um einen höflichen Ton bemühen. Denn gerade wenn es um Äußerlichkeiten geht, neigt man eher dazu, das eigene Unbehagen in recht barschen kurzen Worten an den Mann beziehungsweise die Frau zu bringen. Vielleicht weil es einem selbst ein bisschen peinlich ist.

Da bei der Vernachlässigung des eigenen Äußeren die Missachtung des eigenen Selbst oft eine Rolle spielt, ist große Vorsicht angebracht. Wer ohnehin schon der Meinung ist, er sei es nicht wert, beachtet zu werden, der erhält so nur noch eine Bestätigung mehr. »Ich bin es nicht mehr wert, dass ich mich um mich selbst kümmere. Wenn die anderen mich schon so unmöglich finden, wozu soll ich mir dann noch Mühe geben?«

Dieser Resignation müssen Sie durch Gespräche die Luft aus den Segeln nehmen. Es geht also tatsächlich weniger um die Flecken auf der Bluse als um die Last auf der Seele des alten Menschen.

Um eine Veränderung anzustoßen, argumentieren Sie besser »seitenverkehrt«. Also beispielsweise so: »Ich brauche dringend ein neues Kostüm für die Präsentation nächste Woche. Willst Du mir nicht beim Aussuchen helfen?« Oder: »Es wäre schön, wenn du mich nächste Woche zum Friseur begleiten könntest. Ich will mal einen neuen Schnitt ausprobieren und brauche deinen Rat.« Indem Sie an die Kompetenz appellieren und Wertschätzung suggerieren, bauen Sie das Selbstvertrauen auf und schaffen zusätzlich die Gelegenheit für ein bisschen Abwechslung.

Für den Fall, dass der ältere Mensch nicht mehr so mobil ist, können Sie auch Versandkataloge organisieren, die stilvolle Mode für die ältere Generation anbieten. Oft ist es unverfänglicher, gemeinsam durch die Katalogseiten zu stöbern, als gemeinsam die Kaufhäuser abzuklappern.

Machen Sie Komplimente!

Eine entspannte Atmosphäre ist die beste Grundlage für ein Gespräch. Manchmal braucht es nicht viel, um wieder Freude an einem gepflegten Äußeren zu wecken. Machen Sie Komplimente, wenn Ihnen ein Outfit gefällt. Sagen Sie, wenn ihr oder ihm ein Kleidungsstück gut steht. »Ich finde es schön, dass du dich heute etwas geschminkt hast!« oder »Zieh doch das gelbe Hemd an, damit wirkst du so jugendlich!« Aufforderungen dieser Art sind allemal besser als die Zurechtweisungen, die so leicht über die Lippen kommen.

Bei allem, was Sie tun und sagen, ganz gleich, wie alt und vielleicht pflegebedürftig ein alter Mensch ist, achten sie stets darauf, ihm auf Augenhöhe zu begegnen. Leider neigen wir Menschen immer wieder dazu, anderen von oben herab unsere Meinung aufzudrängen, und in diesem speziellen Fall, unser Geschmacksempfinden als das einzig richtige hinzustellen.

Der Schlüssel für dieses spezielle Problem ist eine Mischung aus ein wenig mehr Zuwendung, etwas weniger Offenheit und dem richtigen Maß an Initiative.

❸ Letzte Zähne und Zahnersatz

»Wann warst du zum letzten Mal beim Zahnarzt?«

Neuerdings bleibt Martin auf Abstand, wenn er seine Mutter besucht. Keine herzliche Umarmung mehr, kein Küsschen auf die Wange. Auch werden seine Besuche immer kürzer, und kaum hat er die Wohnung betreten, reißt er auch schon das Fenster auf. Seiner Mutter ist das ein Rätsel, bis die Tochter allen Mut zusammennimmt und ausspricht, was alle anderen nur denken. »Mama, wann warst du eigentlich zum letzten Mal beim Zahnarzt?« Die Mutter schaut betroffen: »Beim Zahnarzt? Was soll ich da, ich hab doch eh kaum noch Zähne im Mund.«

Es gibt viele Dinge im Leben, über die man locker hinwegsehen kann, andere wiederum sind derart penetrant, dass sie uns den Atem rauben. Mundgeruch gehört zu den Letzteren, daran kann man nicht vorbei. Zu den unangenehmen Tatsachen des Alterns gehört der Verlust der Zähne. Es ist normal, wenn man sie irgendwann verliert; ebenso normal ist es, dass sie heutzutage von einem Gebiss ersetzt werden. Doch auch wenn die »dritten Zähne« zum Alter dazugehören, machen sie dennoch Probleme.

Die Schwierigkeiten damit werden allerdings gerne verdrängt, seit die Krankenkassen ihre Zuschüsse derart zurückgefahren haben. Ein neues Gebiss, das kann sich heute kaum noch ein Rentner einfach so leisten. Da braucht es schon einen triftigen Grund, um zum Arzt zu gehen.

Mundgeruch – ein atemraubendes Problem

Viele alte Menschen haben einen schlechten Atem – und das macht unter Umständen sehr einsam. Es ist zudem ein Problem, das man nicht einfach ignorieren kann, denn üble Gerüche, insbesondere der Mundgeruch, machen es fast unmöglich, einem Menschen näher zu kommen, als man unbedingt muss.

Die Gründe dafür können vielfältig sein. Knoblauch und Zwiebeln, Alkohol und Zigaretten beispielsweise wirken sich zwangsläufig auf den Atem aus. Manchmal jedoch ist Mundgeruch auch auf mangelnde Mundhygiene zurückzuführen – und das ist besonders übel.

Über Zwiebeln und Knoblauch im Essen kann man noch diskutieren, aber über schlecht geputzte Zähne nicht.

Mund und Zähne sauber und gesund zu halten ist heute eine Selbstverständlichkeit. Doch mit Zähneputzen allein ist es oft nicht getan, und das Alter erfordert auch in dieser Hinsicht ein Umdenken und Dazulernen. So müssen nicht nur die verbleibenden Zähne sorgsam gepflegt werden, sondern auch die Gebissreinigung muss gleichermaßen sorgsam erledigt werden. Dabei ist nicht alles so leicht und einfach, wie es die Werbung Glauben machen will. Im Alter fehlt oft die nötige Motorik, um eine gründliche Mundhygiene täglich durchzuführen. Karies und Parodontose sorgen zudem für schlechten Mundgeruch.

Nichts als Ärger mit den dritten Zähnen

Mit den Zähnen ist es so eine Sache, wenn sie kommen, tun sie weh, und wenn sie gehen ebenso. Wenn immer mehr Zähne ausfallen oder gezogen werden müssen, dann kommt der Zahnersatz – und auch der macht oft Probleme. Selten sitzt ein Gebiss perfekt, man muss darauf achten, was man isst und ob die künstlichen Zähne den Anforderungen gewachsen sind.

Wenn alte Menschen mit den Zähnen klappern, dann finden das erwachsene Kinder selten amüsant. Gerade bei Tisch gilt es, besondere Regeln einzuhalten: Man isst nicht mit offenem Mund, darf nicht mit den Zähnen klappern oder schmatzen. Mit einem schlecht sitzenden Gebiss wird es zunehmend schwieriger, Tischmanieren aufrechtzuerhalten.

Das kann für den Tischnachbarn eine Zumutung sein, aber vielleicht ist es für den alten Menschen auch eine Zumutung, zum Zahnarzt zu gehen.

Es gibt Menschen, die haben keine Probleme mit Zähnen und Zahnärzten, sie gehen deshalb auch vorbehaltlos zum Zahnarzt. Es gibt aber Menschen, die haben von klein auf Probleme mit den Zähnen und gehen deshalb eben nicht gerne zum Zahnarzt. Es ist falsch anzunehmen, dass mit einem Gebiss all diese Schwierigkeiten verschwinden.

Wenn die echten Zähne fehlen, dann verändert sich auch der Kiefer, und mit dem Kiefer verändern sich die Ansprüche an das Gebiss. Regelmäßige Kontrollen und Ausbesserungen sind deshalb notwendig. Manchmal gehen alte Menschen nicht gern zum Zahnarzt, weil die Behandlung fast immer teuer wird. Andere gehen nicht hin, weil sie keine Notwendigkeit darin sehen, denn künstliche Zähne können die Echten nie wirklich ersetzen.

Sind Tischmanieren wirklich wichtig?
Wie sich jemand bei Tisch benimmt, ist unglaublich wichtig – denken die meisten Menschen. Kindern versucht man deshalb mühsam beizubringen, wie man isst, ohne unangenehm aufzufallen. Der Umgang mit Messer und Gabel wird zur hohen Schule der guten Tischsitten, die ihre Wurzeln im 18. Jahrhundert haben. Adolph Freiherr von Knigge machte die Tischmanieren salonfähig, und daran halten wir uns – in Grundzügen – heute noch. Im Alter ist das aber nicht immer so ganz einfach, denn der geschickte Umgang mit Messer und Gabel wird durch zahlreiche körperliche Defizite immer schwieriger. Schließlich ist es am Ende oft so, dass man gar keine Tischmanieren mehr einhalten kann, weil man fremde Hilfe bei der Nahrungsaufnahme braucht.

Zwar legte Knigge viel Wert auf gute Sitten, aber sein Standardwerk von einst beschäftigte sich vor allem mit dem Umgang der Menschen miteinander. So formuliert er beispielsweise auch diesen Satz: *»Laß jeden seine Handlungen selbst verantworten, wenn Du nicht sein Vormund bist.«* Darüber lohnt es sich nachzudenken, wenn man sich das nächste Mal über die Tischmanieren alter Menschen aufregt.

Wie es Euch gefällt ...

Shakespeare lässt seinen Jacques übers Alter philosophieren und kommt zum Schluss, es sei die »... zweite Kindheit, gänzliches Vergessen, ohn' Augen, ohne Zahn, Geschmack und alles ...«. So wie wir Milde walten lassen, wenn kleine Kinder mit dem Essen nicht so gut zurechtkommen, so sollten wir auch den alten Menschen nachsehen, wenn es damit nicht mehr so gut klappt.

Gut essen und trinken ist im Alter manchmal noch das einzige Vergnügen, was bleibt – und das sollten wir nicht mit unnützen Diskussionen belasten.

Andererseits sollte man auch nicht falsche Rücksichtnahme vorschützen, wenn es um die wirklich wichtigen Probleme geht. Mundgeruch beispielsweise ist ein solches Problem, um das man sich kümmern müsste. Statt hier vornehme Zurückhaltung zu wahren gilt es, das Thema offen anzusprechen. Es ist wichtig, dabei keinen vorwurfsvollen Ton anzuschlagen, sondern das Augenmerk auf die möglichen Ursachen und deren Beseitigung zu lenken. Vielleicht reicht die Handmotorik nicht mehr aus, die verbleibenden Zähne gründlich genug zu putzen – dann hilft eine elektrische Zahnbürste. Sitzen die künstlichen Zähne zu locker, muss eine andere Haftcreme her, oder der Zahnarzt muss prüfen, ob sich der Kiefer vielleicht verändert hat.

Was man ändern kann, sollte man ändern. Mundgeruch gehört zu den veränderbaren Umständen.

❹ Harninkontinenz

»Hast du Probleme mit der Blase?«

Die kleine Anna bringt es auf den Punkt: »Nein, ich geh nicht mit zur Frau Müller. Da stinkt es!« Diese Offenheit treibt der Großmutter die Schamesröte ins Gesicht. »Aber die hat doch immer so leckere Kekse, magst du die denn gar nicht mehr?«, versucht sie die Enkelin zu locken. »Nein, nein, nein«, sagt die Kleine und verschränkt die Arme vor der Brust. Also keine Kekse und kein Besuch bei Frau Müller. Annas sensible Nase hat bewirkt, dass ein heikles Thema auf den Tisch kommt. Es ist der Geruch des Alters, der uns zurückschrecken lässt. Nur sind wir nicht so gerade heraus, sondern reden lange um den heißen

Brei herum, statt schwierige Fragen mit Gelassenheit anzusprechen.

Dabei ist das Thema »Inkontinenz« im Alter schon lange kein Tabu mehr – wenn man der Werbung Glauben schenken will. Im richtigen Leben sieht das natürlich etwas anders aus. Wenn die Mutter auf der Einkaufstour in jedem Kaufhaus auf die Toiletten, rennt, wenn der Vater jede Raststätte ansteuert und sich für seine »Sextanerblase« entschuldigt, dann finden wir ganz selten den Mut, sie auf das mögliche Problem direkt anzusprechen.

Der Geruch des Alters

Man muss nicht die Hauptfigur in Patrick Süßkinds Roman »Das Parfüm« sein, um die Welt nach Gerüchen einzuordnen. Jeder tut das, zumindest unbewusst. Der Duft von frisch gemahlenem Kaffee erinnert an die Sonntagstreffen bei Mutter, den Geruch von Zigarren verbinden wir vielleicht mit dem Großvater, den zarten Duft von Mandelblüten assoziieren wir mit einem schönen Schaumbad.

Aber es gibt auch die andere Seite – und die nennen wir Gestank. In der Pommes-Bude stinkt es nach abgestandenem Fett, der schwitzende Kollege riecht unangenehm nach Schweiß, die Nachbarin raubt uns mit einem penetranten Parfüm den Atem.

Gerüche kann man aber schlecht in Gut und Böse unterteilen, die Bewertung ist immer auch subjektiv geprägt. Und dann kommt da noch das, was wir Höflichkeit nennen, dazu: Dem Kollegen werden wir nicht unter die Nase reiben, doch ein Deodorant zu benutzen, und der Nachbarin nicht nahelegen, die Parfümmarke zu wechseln. Aber weil wir es nicht tun, ändert sich auch (höchstwahrscheinlich) nichts daran.

Mit dem Alter verändert sich der Körpergeruch des Menschen. Das liegt einerseits daran, dass die Schweißdrüsen ihre Funktion zurückfahren und die Haut insgesamt ihre Beschaffenheit und Struktur verändert. Andererseits lässt aber auch der Geruchssinn mit den Jahren nach, sodass die Menschen selbst nicht mehr riechen, welchen Duft sie verbreiten. Und hier kommt die Inkontinenz ins Spiel: Die Betroffenen empfinden den Umstand an sich schon als Demütigung. Dass davon die Umwelt (per Geruch) auch noch etwas mitbekommt, ist ihnen meist nicht bewusst.

Um es ganz deutlich zu sagen: Der Geruch des Alters hat nur in seltenen Fällen etwas mit mangelnder Hygiene zu tun. Vielmehr leiden ältere Menschen häufig unter einer Harninkontinenz, die sie zum Tragen von Einlagen zwingt. So schön und sicher, wie es die Werbung glauben machen will, ist das Leben damit allerdings nicht. Die Tatsache, dass man bereits im mobilen Alter die Kontrolle über so wichtige Körperfunktionen nicht mehr hat, kann einem schon die Schamesröte ins Gesicht treiben. Nur wenigen Menschen gelingt es, solche Einschränkungen gelassen hinzunehmen.

Jenseits der Scham

Das Nachlassen der körperlichen Leistungsfähigkeit wird von den erwachsenen Kindern zunächst einmal kaum bemerkt. Und wenn es um den Verlust der Kontrolle über wichtige Körperfunktionen geht, wird die Vertuschungsaktion des alten Menschen besonders ausgefeilt. Zu groß ist das Schamgefühl der Eltern, zu groß deren Bedürfnis, den bloßen Schein möglichst lange zu wahren. Irgendwann wird es aber augenfällig, dass die Mutter nur noch ungern aus dem Haus geht oder der Vater viel öfter als gewohnt zur Toilette rennt. Für diese veränderten Umstände werden eine Vielzahl scheinbar logischer Begründungen abgegeben, doch lohnt es sich durchaus, genauer nachzuforschen.

Peinliche Folgen des Alters

Mit fortschreitendem Alter lässt die Effektivität der Nieren nach, sie schrumpfen, und deshalb sind sie mit siebzig Jahren etwa nur noch halb so groß wie im vierzigsten Lebensjahr. Dadurch fällt es dem Körper immer schwerer, alle Abfallprodukte zu verarbeiten und auszuscheiden. Hinzu kommt, dass die Muskelfunktionen im gesamten Körper nachlassen und davon auch die Bereiche rund um die Harnröhre betroffen sind. Deshalb sind

Harnentleerungsstörungen, also Inkontinenz, im Alter ein häufiges Problem.

Wenn die Nieren immer weniger zuverlässig arbeiten und auch noch eine Schwäche von Blase beziehungsweise Prostata hinzukommt, werden diese Beschwerden mit großer Scham verheimlicht. Das sind Probleme, die Männer wie Frauen gleichermaßen betreffen, wenn auch aus unterschiedlichen anatomischen Gründen.

Als *Prostata* bezeichnen Mediziner die Vorsteherdrüse des Mannes. Diese liegt um die Harnröhre herum und produziert ein milchiges, dünnflüssiges Sekret, das bei Ejakulationen den Spermien beigemischt wird. Mit zunehmendem Alter macht diese Drüse den Männern Probleme.

Schon die Hälfte aller Männer ab fünfzig Jahren (und 80 Prozent der über Siebzigjährigen) leidet unter einem Prostata-Adenom. Damit bezeichnet man eine gutartige Vergrößerung der Vorsteherdrüse, wobei es allerdings ein die Harnröhre umgebendes Gewebe ist, was die Beschwerden verursacht. Dieses sorgt für einen steten Harndrang, ohne dass dabei nennenswerte Ergebnisse erzielt würden. Im Klartext: Aus dem Urinstrahl wird ein Rinnsal, das bald darauf wieder das Gefühl entstehen lässt, schon wieder zu müssen, weil die Blase quasi nie ganz entleert werden kann. Für solche Beschwerden ist der Urologe der richtige Ansprechpartner.

Manchmal macht die Prostata aber auch schwer wiegende Probleme – als Prostata-Krebs. Regelmäßige Vorsorgeuntersuchungen (ab dem 45. Lebensjahr) tragen zur Früherkennung und rechtzeitigen Behandlung bei. Es kann die befallene Prostata entfernt werden, um so eine Ausbreitung des Krebses zu verhindern.

Über das »Altherrenleiden« wird viel gewitzelt, gerade auch unter den Männern selbst. Falsche Scham kann aber insbesondere bei diesem Thema weitreichende Konsequenzen haben.

Die *Blasenschwäche* der Frauen ist eine ebenso typische Alterserscheinung. Die Vorgeschichten können unterschiedlich sein, so fördern Schwangerschaften eine Blasenschwäche im Alter. In jungen Jahren trägt das Geschlechtshormon Östrogen dazu bei, dass die Beckenbodenmuskulatur im Bereich der Harnröhre stark und gesund bleibt. Wenn jedoch in den Wechseljahren diese körpereigene Hormonproduktion heruntergefahren wird, wird das Gewebe um die Harnröhre herum dünner. Auch die Muskulatur in diesem Bereich verliert an Elastizität, und dementsprechend verlieren Frauen die Kontrolle über wichtige Körperfunktionen. Man spricht von *Inkontinenz*. Gleichzeitig verändert sich das Milieu in Scheide und Harnröhre, es ist weniger »sauer«, sodass sich Bakterien leichter vermehren können – es kommt zu Harnwegsinfekten (Blasenentzündungen), die wiederum einen verstärkten Harndrang zur Folge haben.

Ganz praktisch: Was kann man tun?

Inkontinenz im Alter ist keine Seltenheit, über fünf Millionen Menschen leiden darunter. Inkontinenz bei Männern und Frauen kann sehr viele unterschiedliche Gründe haben, die eine individuelle Therapie erfordern. Aber: Im Alter zeigen nicht alle Therapieansätze die gewünschte Wirkung – und manchmal muss man sich in sein Schicksal fügen. Für älteren Menschen kommt diese Diagnose oft einer Bankrotterklärung gleich, als ob das Altwerden an sich nicht schon schlimm genug wäre …

Wer mit Inkontinenz leben muss, der braucht Informationen, wie er gut damit umgehen kann. Dazu gehört es, Unterwäsche mit »Wäscheschutz« zu tragen. Das sind spezielle Einlagen, die die Flüssigkeit aufnehmen und den Geruch neutralisieren. Es gibt auch Inkontinenzslips, die ähnlich wie Windelhöschen für Babys funktionieren.

Das Problem mit Uringeruch ist, dass er sich leicht festsetzt. Deshalb muss Wäsche schnell gewaschen und Müll mit gebrauchten Einlagen häufig entsorgt werden. Zudem muss man die Wohnung regelmäßig lüften und eventuell mit geruchsneutralisierenden Raumsprays arbeiten.

Für alte Menschen ist das alles oft zu viel und zu unangenehm, als dass man sich gern damit auseinandersetzt. Da müssen dann die erwachsenen Kinder unterstützend und erklärend eingreifen. Das setzt natürlich voraus, dass man die Notwendigkeit solcher Hilfsmittel anerkennt.

Schamlos ehrlich?

Bei manchen Problemen darf man nicht lange um den heißen Brei herumreden, man muss sie direkt ansprechen. Die Inkontinenz und der damit verbundene Geruch, sind ein solches Thema. Allerdings sollte man den richtigen Zeitpunkt für ein solches Gespräch wählen, weil es nichts ist, was man zwischen Tür und Angel oder unter Zeitdruck diskutieren sollte.

Machen Sie Ihren Eltern klar, dass es keine Schande ist, wenn die Blase oder die Prostata Probleme macht. Erklären Sie Ihnen, wie wichtig ein Arztbesuch ist, um alle Therapiemöglichkeiten auszuschöpfen. Wenn es keine Alternativen gibt, dann sollte man den Wäscheschutz ansprechen und über entsprechende Produkte informieren.

Oft wollen ältere Menschen einfach gar nichts davon wissen, weil sie es lieber ignorieren. Doch da muss man schon mit deutlichen Worten sagen, dass Uringeruch auch sehr einsam macht. Und dass die Lösung des Problems nur einen kleinen Schritt bedeutet im Vergleich zu den möglichen Konsequenzen, falls die Mutter oder der Vater nicht handelt.

❺ Verlust von Hemmungen

»Wie kannst du dich von einem Pfleger wickeln lassen?«

»Jedes Mal, wenn ich am Aufenthaltsraum des Altenheims vorbeigehe, halte ich die Luft an und schaue fest auf den Boden. Nur nicht hinschauen, nur nicht hineinriechen, nur schnell dran vorbeikommen. Vor zwei Wochen, als ich meine Mutter besuchen wollte, saß sie auch in diesem Aufenthaltsraum. Aus dem Fernseher plärrte irgendein Sonntagnachmittagsprogramm. Zehn Bewohner waren über den ganzen Raum verteilt. Die einen saßen in ihren Rollstühlen, die anderen in ihren Pflegesesseln, die Hälfte hatte die Augen geschlossen. Der Kopf eines alten Mannes war zur Seite weggekippt, ein dünnes Rinnsal Speichel floss aus seinem Mundwinkel. Eine alte Frau schimpfte lautstark vor sich hin und hob ab und an drohend den Zeigefinger; eine andere alte Dame stöhnte zum Gotterbarmen, so als ob sie große Schmerzen hätte. ›Endstation Siechtum‹, dachte ich bei mir und schob den Rollstuhl mit meiner Mutter schnell aus dem Raum.«

Solche Beobachtungen und Gedanken kennen viele Menschen, die – wie diese Frau regelmäßig ihre achtzigjährige Mutter – Angehörige im Heim besuchen. Wobei dieser Eindruck wenig über die Qualität des Heimes aussagt, sondern viel mehr darüber, wie qualvoll ein Leben enden kann. Die meisten Senioren, die in Heimen leben, befinden sich auf dem letzten Stück des Lebenswegs. Sie sind Pflegefälle, oft gänzlich auf die Hilfe von anderen angewiesen.

Die Glücklichen unter ihnen sitzen »nur« im Rollstuhl, die weniger Glücklichen müssen tagein, tagaus im Bett liegen. Der Verlust von Fähigkeiten ist eklatant. Nicht mehr alleine essen und trinken, nicht mehr allein auf die Toilette gehen und duschen. Und selbst dazu gibt es Steigerungen (das Essen aus der Sonde und den Urin in den Beutel), die sich mit einem würdigen

Leben nur schwer vereinbaren lassen. All das erfüllt die Pflegebedürftigen mit Scham und die Angehörigen mit Betroffenheit.

Von Scham und Schein

Beides ist für ältere Menschen von sehr hoher Bedeutung und hat in einem Pflegeheim wenig Raum. Die alten Menschen schämen sich ob der Unzulänglichkeiten, die der Körper ihnen zunehmend auferlegt. Den Schein kann man hier nicht wahren, und die Scham ist übergroß. Wie sich die alten Leute fühlen müssen, kann sich jeder leicht vorstellen. Sie fühlen sich gedemütigt und erniedrigt, sind verzweifelt und hilflos, reduziert auf die körperlichen Funktionen und die Erhaltung der Lebensfähigkeit. Der Wert des Menschen lässt sich angesichts tragischer Schicksale kaum noch erkennen, und doch bemühen sich die Pfleger, die Würde jedes Einzelnen nicht anzutasten. Manchmal ein galaktischer Spagat, der nicht wenige verzweifeln lässt, Pflegebedürftige und Pflegeprofis gleichermaßen.

Intimität, die einen extremen Rollentausch erfordert

Die Pflegesituation alter Menschen kommt in mancher Hinsicht der Rundumversorgung, die Babys brauchen, gleich. Sie brauchen ebenfalls Hilfe bei allen Verrichtungen. Nur bei Kindern ist uns das nicht unangenehm oder gar peinlich, sondern ganz natürlich. Die Pflege alter Menschen hingegen entspricht keinem natürlichen Versorgertrieb, sondern kostet Angehörige, die selbst pflegen, täglich neue Überwindung. Die extreme Intimität, die die Pflege fordert, verändert unter anderem die Schamgrenze, die jeder Mensch mit der Pubertät für sich zieht. Doch für Scham ist in der Pflege kein Platz. In Heimen achtet man sorgsam darauf, dass die Schamgrenze erträglich gehalten wird. Wer sich als Frau nicht von einem Pfleger versorgen lassen will, bekommt eine Pflegerin zugeteilt. Ebenso nimmt man Rücksicht auf die Gefühle der Pflegerinnen und setzt bei alten Herren überwiegend Pfleger ein. Inwieweit das möglich ist, bestimmt der Pflegeschlüssel.

In der häuslichen Pflege ist das anders: Wer die Pflege übernimmt, der muss sich mit der Aufhebung der Schamgrenze gegenüber dem zu pflegenden Elternteil auseinandersetzen. Die einen kommen damit gut klar, die anderen haben Probleme. Es gibt auch Menschen, die sich gar nicht damit arrangieren können.

Mitleid, Scham und Hilflosigkeit

Es gibt immer wieder Augenblicke im Zusammenleben mit pflegebedürftigen Senioren, die Angehörige an ihre Grenzen führen. Wenn die alten Menschen immer mehr die Kontrolle über den eigenen Körper verlieren, fallen zugleich die Hemmungen. Es ist oft schwer zuzusehen, wenn die eigene Mutter oder der Vater beim Essen mit offenem Mund kaut und schmatzt, wenn sie oder er sabbert und brabbelt wie ein Kleinkind. Wo ist der Mensch geblieben, der uns stets mit Achtung erfüllte und Respekt abforderte? Mitleid kommt ins Spiel, wir schämen uns für dieses Bild des Elends und fühlen uns zugleich hilflos.

All diese Emotionen werden sorgsam verborgen, doch je mehr man sich damit unter Druck setzt, desto schwieriger wird die Situation. Es sollte nicht so weit kommen, dass Ekel und Abscheu entstehen, denn dadurch werden wiederum Schuldgefühle genährt – eine völlig nutzlose Emotion im Zusammenhang mit Pflege und angesichts des Elends. Niemand ist Schuld an der Situation, so wie sie ist, und Selbstvorwürfe wie Zorn rauben nur die Kraft mit all dem fertigzuwerden.

Wenn Ekel und Wut überhandnehmen, können wir Abstand nehmen, ja müssen das sogar, um uns selbst und den anderen zu schützen. Man kann seine Gefühle nicht kontrollieren, aber man kann das Handeln steuern. Distanz hilft gelegentlich dabei.

Unabänderliches nicht hinterfragen!

Alte Menschen, die extrem pflegebedürftig sind, haben keine Wahl. Sie müssen ihre Scham aufgeben und sich den Erfordernissen der Pflege unterordnen. Da ist kein Raum für vornehme Zurückhaltung, da können sie froh sein, wenn sie einen Pfleger haben, der darum nicht auch noch großes Aufheben macht. Was muss, das muss.

Sauber, satt und trocken – das sind die Grundanforderungen, gefolgt von der Würde, die unantastbar ist, und menschlicher Nähe, die jeder Mensch zum Überleben braucht.

Manche alte Menschen blenden sich in diesen Pflegesituationen einfach aus, starren zur Decke oder flüchten sich in eine Gedankenwelt. Aber andere wieder, die genießen es auch, dass man sich mit ihnen beschäftigt. Auf nackter Haut angefasst werden bedeutet auch Zuwendung und Nähe. Nähe, die manche alte Menschen schon lange vermissen, weil der Partner gestorben ist.

Wer ehrlich wissen will, wie sich Pflege anfühlt, der sollte fragen. Aber besser ist es, alle Fragen hintenanzustellen und Vater oder Mutter einfach mal wieder in den Arm zu nehmen.

Kapitel 3

Fünf Fragen rund um Liebe, Sexualität und Einsamkeit

»Alles, was uns im Leben unvorbereitet trifft, trifft uns tiefer oder härter. (...) Das Alter ist solch eine Erwartung, mit der wir rechnen müssen. (...) Das Problem: Wir leben zu lange und zu ausschließlich in der Gegenwart, ohne an die Zukunft zu denken, und die kürzeste Formel für die Vorbereitung aufs Alter lautet darum: es rechtzeitig mit einzubeziehen, dafür planen, um nicht eines Tages vor jener Hilflosigkeit und Leere zu stehen.« So bringt es Franz Riemann in seinem Buch »Die Kunst des Alterns« auf den Punkt. Wer keine Vorsorge in diesem Sinne getroffen hat, den treffen die Verluste besonders hart.

Viele Menschen versuchen im Ruhestand, das Leben nochmal herauszufordern. Der gesellschaftliche Anspruch lautet häufig: Nur wer aktiv ist, bleibt jung. Ein ziemlich hoher Anspruch angesichts der Tatsache, dass die Kräfte allmählich nachlassen und man sich definitiv nicht mehr als jung bezeichnen kann. Diese Aufbruchstimmung treibt Männer häufiger um als Frauen, sie haben das Privileg der angegrauten Schläfen, und manche nutzen das aus. So finden sich erwachsene Kinder unverhofft mit einer Reihe von Problemen konfrontiert, die sie mit ihren Eltern eigentlich nie diskutieren wollten. Es geht um alte Ehen und neue Liebe oder – als andere Seite der Medaille – um Verlust und Einsamkeit.

Während die Eltern selbst noch umdenken, müssen die erwachsenen Kinder schon auf die veränderten Verhältnisse reagieren.

Es geht um das neue Ausloten von Grenzen – diesmal um jene, die Nähe und Distanz, Offenheit und Tabu ihren Platz zuweisen.

Zwischen Zurückhaltung und Anteilnahme gilt es, einen Mittelweg zu finden.

❶ Alte Ehen und neue Verhältnisse

»Seid ihr noch glücklich miteinander?«

Mit großer Vorsicht trägt der Vater die Kaffeekanne ins Wohnzimmer, dann schneidet er den Kuchen auf und faltet die Servietten. Die versammelte Familie schaut ihm von der Sofaecke aus zu und kommt aus dem Staunen nicht mehr heraus: »Früher hat er doch so was nie gemacht!«, raunt der Enkel seiner Mutter ins Ohr, doch die zuckt nur mit den Schultern und lächelt amüsiert.

Früher war gestern, heute ist alles anders. Seit der Vater in Rente ist, hat er seine häuslichen Fähigkeiten entdeckt – sehr zum Leidwesen der eigenen Ehefrau. Er kann alles, weiß alles, und was er kann und weiß, setzt er »nutzbringend« im Haushalt ein.

Seine neuen »Aufgaben« erfüllen ihn voll und ganz, nur seine Frau ist davon wenig begeistert. Ständig erteilt er ihr Anweisungen und führt höchst zweifelhafte Verbesserungen ein. »Keine Sekunde lässt er mir meine Ruhe«, klagt die Mutter. »Hast du keine sinnvolle Beschäftigung für ihn?«

Wenn Eltern älter werden und Paare in die Jahre kommen, dann muss nicht zwangsweise alles beim Alten bleiben. Diese Erkenntnis trifft alte Ehepaare und deren erwachsene Kinder fast täglich. Gerade mit dem Ruhestand etablieren sich zu Hause ganz neue Verhältnisse, und nicht immer gehen diese Veränderungen reibungslos vonstatten.

Der (Un-)Ruhestand

Die meisten Menschen, die kurz vor der Rente stehen, sind guter Dinge. Sie freuen sich auf die neuen Freiheiten und oft auch auf finanzielle Unabhängigkeit. Kein nervender Chef, keine intriganten Kollegen mehr, mit denen man sich herumärgern muss.

Doch die Ernüchterung folgt auf dem Fuß. Der neu gewonnenen Freiheit und selbstbestimmten Zeit auf der einen Seite stehen zahlreiche Verluste auf der anderen Seite gegenüber.

Was man alles verloren hat, wird erst allmählich klar. Da ist zunächst einmal der Verlust von Macht. Einfluss und Macht, die sich beispielsweise aus der beruflichen Position ableiten ließen, sind mit einem Mal nichtig und unwichtig.

Bislang gab der Beruf dem Tag ein unabänderbares Gerüst, mit dem Verlust der beruflichen Tätigkeit geht diese straffe Zeitstruktur verloren. Es ergeben sich Lücken im Tagesablauf, die häufig zu Langeweile führen. Weil aber die konkrete Aufgabe fehlt, tritt planloser Aktivismus an diese Stelle. Man fühlt sich nutzlos, befürchtet gar den Verlust der Identität. Früher war man mal wer, heute ist man nur Rentner, einer von Millionen Senioren, scheinbar austauschbar und gesichtslos.

Und so fragt sich mancher Rentner, was er mit dem Rest seines Lebens nur anfangen soll. Ohne festen Plan stürzt er sich auf das Nächstliegende – und das ist nicht selten die Domäne der Frau: der Haushalt.

Gar nicht so selten: Auch die Ehe gerät in die Krise

Von solchen Sinnkrisen werden Männer häufiger und schwerer getroffen als Frauen. Sie – so scheint es – haben immer irgendetwas zu tun, es gehören nach altem Rollenspiel ja der Haushalt und die Versorgung desselben zu ihren gewohnheitsmäßigen Aufgaben. Selbst wenn Frauen auch berufstätig waren und dann ins Rentenalter kommen, ändert sich für sie nur ein Teilbereich des Lebens; aus der Doppelbelastung wird jetzt eine einfache.

Nichtsdestotrotz leiden auch sie mit unter der Identitätskrise des Partners, und die Beziehung zueinander erlebt eine äußerst labile Phase. Zum einen ist da plötzlich die Tatsache, dass man viel mehr Zeit miteinander verbringt, als man es bislang gewöhnt war. Viele Paare stellen erstaunt fest, wie wenig sie vom anderen wissen und darüber, wie dieser seinen Tag verbringt.

Auch die Tatsache, dass auf der einen Seite Langeweile und auf der anderen unveränderte Aktivität herrscht, kann zu Problemen führen. Dann zum Beispiel, wenn der Ehemann sich plötzlich als Putzteufel engagiert und den Staubsauger für sich beansprucht. Nicht jede Hausfrau ist glücklich über derartige Initiativen, und mancher selbst ernannte Hausmann revolutioniert den Haushalt auf ganz eigene Art.

Das Bild des Alters verändert sich

Erwachsene Kinder erleben beim Rentenantritt der Eltern oft eine Überraschung nach der anderen. Mancher erkennt die Eltern gar nicht mehr wieder, im positiven wie im negativen Sinne.

Leben die Eltern als Paar zusammen, so stellen sich zahlreiche Probleme ein, die die beiden nur schwer alleine lösen können.

Langeweile: Wenn Eltern im Rentenalter über Langeweile klagen, dann hat der Nachwuchs garantiert ein Patentrezept zur Hand. Rentner mit freier Zeiteinteilung sind überall gefragt: zum Kinderhüten beispielsweise oder für Fahrdienste, für kleinere Reparaturen im Haus und für die Instandhaltung des Gartens. Gerne verplanen die erwachsenen Kinder die Zeit der Großeltern über deren Kopf hinweg. Falsch: Denn hektische Aktivität übertüncht nur die wahren Probleme, die es jetzt zu lösen gilt.

Besserwisserei: Die Senioren rücken dem Nachwuchs auf die Pelle und stehen mit Rat und Tat auch unaufgefordert bereit. Sie mischen sich ein, wo es nur geht, wissen alles und das auch noch besser. Da muss man klare Linien ziehen und sich zur Not auch vorübergehend distanzieren.

Durchstarten: An sich ist es lobenswert, aber ältere Menschen werden meistens kritisch beäugt, wenn sie jetzt nochmal richtig durchstarten. Eine Bergsteigertour durch Nepal, eine Fahrt auf dem Traumschiff – überall trifft man die Rentner mit Fernweh und dicker Brieftasche. Nicht jedem stehen die Mittel dafür zur Verfügung, aber auch in kleinerem Rahmen kann man heute ständig auf Achse sein. Fatal: Anstatt sich für die Eltern zu freuen, lassen die Kinder oft auch daran kein gutes Haar. Man sollte es besser genießen, wenn die Eltern noch so selbstständig sind.

Lust und Liebe verändert sich

Die Paarbeziehung wird auch schwerer, weil sich die Sexualität mit zunehmendem Alter verändert. Weil das Thema so tabuisiert wird, sucht sich die Lust oft andere Ventile. Nicht wenige ältere Herren begeben sich noch einmal auf die Pirsch und halten Ausschau nach jüngeren Frauen. Die Scheidungsrate beim Eintritt ins Rentenalter unterstreicht diese Tatsache deutlich.

Die Statistik belegt ebenso, dass Frauen in diesem Alter fast nie einen amourösen Neuanfang wagen. Aber vielleicht liegt das auch daran, das Frauen einfach älter werden, Männer mit grauen Schläfen hingegen interessanter. Schon Cicero wusste: *»Die Lust behindert ja die Überlegung, sie ist die Feindin der Vernunft, sie blendet sozusagen die Augen des Geistes und verträgt sich überhaupt nicht mit der Tugend.«*

Tugend ist ein altmodisches Wort, und über Moral lässt sich trefflich streiten. Tatsache ist, dass viele ältere Herren Lust und Liebe gern verwechseln. Sex im Alter muss nicht langweilig und dröge sein, auch wenn man die Partnerin seit vierzig Jahren kennt. *»Wenn sie verwelkt, dann verduftet er«*, resümierte der Humorist Heinz Erhardt. Die Lust, so stellt dann mancher Abtrünnige fest, ist eine vergängliche Freude; dass sie damit aber die Liebe verspielt haben, erkennen sie oft zu spät.

Die Machtverhältnisse verschieben sich

Jede Beziehung, die so lange hält wie die Ehe der Eltern, hat über die Jahre ihre feste Struktur entwickelt. Im Haushalt hat jeder seinen Bereich, jeder seine Kompetenzen; die Schwächen des einen wurden durch die Stärken des anderen ausgeglichen.

Mit dem Mehr an Freizeit, was Rentnern zur Verfügung steht, geraten auch diese festen Machtstrukturen ins Wanken. Hat die Mutter bislang das Haushaltsgeld selbstständig verwaltet, dann wird ihr jetzt vielleicht ein Haushaltsplan mit Kosten-Nutzen-Analyse präsentiert.

Ihre feste Tagesstruktur wird durch die Mithilfe des Ehemanns bei der Hausarbeit ebenfalls gesprengt. Oder es ist andersherum: Der Ehemann gibt nicht nur den Beruf auf, sondern seine häuslichen Pflichten ebenso. Er lässt sich bedienen wie ein Pascha und lädt all das, was er sonst »nebenbei« erledigt hat (zum Beispiel Bankgeschäfte oder Briefwechsel), auch noch auf den Schultern der Partnerin ab. Sehr häufig gehen die Veränderungen, die sich anbahnen, zu Lasten der Frau. Und sie bezahlt dafür mit ihren kleinen Freiheiten, die sie sich über die Jahre geschaffen hat.

Dass sich die Machtverhältnisse verändern, ist unabdingbar, nur wie das geschieht, ist individuell verschieden. Manche Männer bekommen schon bald nach dem Rentenantritt gesundheitliche Probleme: ein Zipperlein hier, der hohe Blutdruck da. Früher wurden all die Befindlichkeiten unter Arbeit und Anspruch begraben, doch wer jetzt Zeit hat, bekommt auch das Alter zu spüren.

Man muss lernen, langsamer zu werden, seine Kräfte ökonomischer einzusetzen und mit ihnen hauszuhalten. *»Leben muss man das ganze Leben lang lernen«,* so Seneca in seinem Werk »Von der Kürze des Lebens«. Das Alter macht da keine Ausnahme.

Mit dem Lernen und Annehmen tut sich mancher schwer. Auch dadurch verschieben sich die Strukturen einer Ehe, und die Frau, die sonst in der zweiten Reihe stand, sieht sich an der Lebensfront. In der Sorge um das Wohlergehen des Mannes schießt so manche über das Ziel hinaus, wird zur Glucke und damit zur Last. Alles gemeinsam zu machen und dabei stets ein wachsames Auge auf den Partner zu haben kann ebenso belastend für eine Beziehung sein.

Wie soll es weitergehen?

»Mit dem Alter rückt das Erleben der Begrenzungen in den Vordergrund. Abschiede und Schmerz, oft Einsamkeit und Resignation lassen den Blick in die Vergangenheit zurückgehen, die nun oft idealisiert und zurückgesehnt wird«, stellt Michael Ermann fest. Doch anstelle von Resignation sollte Neuorientierung stehen. Um die anstehenden Probleme zu bewältigen, muss man die Notwendigkeit von Veränderungen anerkennen. Werden solche Probleme ignoriert, reagiert der Körper auf seine eigene Weise durch zahlreiche Zipperlein, die dem Alter landläufig gerne zugeschrieben werden. Es ist dann an der Zeit, eigene, neue Regeln aufzustellen, die die festen Strukturen des Berufslebens ersetzen. Es gilt, neue Werte zu etablieren, neue Beschäftigungsmöglichkeiten aufzutun. So kann Unentgeltlichkeit anstelle von Rentabilität treten und Ruhe anstelle von Stress, Langsamkeit anstelle von Schnelligkeit.

Der Eintritt ins Rentenalter wirkt wie ein Katalysator. Es ist die einmalige Chance, Altlasten über Bord zu werfen und Neues für sich zu entdecken. Erwachsene Kinder können dabei helfen, indem sie Anregungen geben, sich aber nicht einmischen.

Ehekrise bei den Alten – was geht mich das an?

Verändert sich die Beziehung der Eltern zueinander, dann beobachten das erwachsene Kinder durchaus mit Besorgnis. Die Ehe der Eltern, wenn sie denn bis zum Rentenalter gehalten hat, gilt als Ikone und ist somit unantastbar – und wird auch nicht hinterfragt. Überhaupt sind Beziehungsprobleme und Ehekrach nichts, was man mit den eigenen Eltern gerne diskutiert. Das ist auch gut und richtig so, denn dabei kann man eigentlich nur verlieren.

Andererseits suchen die Eltern oft das Gespräch mit den erwachsenen Kindern, wenn sie sich keinen Rat mehr wissen. Professionelle Hilfe zu suchen kommt für die meisten Paare in diesem Alter nicht infrage. Probleme trägt man nicht nach draußen.

Es ist leicht nachzuvollziehen, dass erwachsene Kinder angesichts der Probleme ihrer Eltern gerne den Kopf in den Sand stecken möchten und die Unbeteiligten mimen. Doch so einfach ist es nicht immer, nicht alle Probleme lösen sich von allein und ohne das Zutun von anderen. Manchmal ist der symbolische »Tritt vors Schienbein« ganz nützlich, um auch die Kommunikation zwischen den Eltern wieder in Gang zu bringen. Denn eine häufige Reaktion auf Missverständnisse ist das Schweigen, das alles zu überdecken versucht.

Wenn Sie spüren, dass der Beginn oder die Zeit des Ruhestands für Ihre Eltern schwierig ist, sollten Sie versuchen, mit ihnen darüber zu reden. Wenn Sie noch nie mit Ihren Eltern über Beziehungsprobleme gesprochen haben, wenn es vielleicht in Ihrer Familie nicht üblich ist, solche Themen anzusprechen, ist der Zeitpunkt unter Umständen nicht besonders günstig. Allerdings gilt es auf der anderen Seite, den Leidensdruck abzuschätzen und vielleicht doch den einen oder anderen Vorstoß zu wagen.

Sind die Eltern zu einem solchen Gespräch nicht bereit, wird man Ihnen eine Abfuhr erteilen – aber dann haben Sie es wenigstens versucht. Vielleicht kommt es auch anders und die Eltern sind dankbar für die Initiative, selbst wenn Sie als Kind nicht unbedingt der ideale Gesprächspartner sind.

Es liegt in Ihrem Ermessen, welche Punkte Sie ansprechen und wie weit Sie sich vorwagen. Aber man hilft den Eltern bereits damit, dass man signalisiert: Ich bin da, ich höre euch zu, und wenn ihr wollt, werde ich euch helfen!

Helfen können Sie ihnen, indem Sie sie an Dinge und Pläne erinnern, die sie sich für den Ruhestand aufgespart haben. Was man sich für diese Zeit vorgenommen hatte, gerät allzu leicht in Vergessenheit, aber es spiegelt doch eine Perspektive dessen wider, was im Leben wirklich zählt.

Und nur weil Ihre Eltern an professionelle Beratung nicht einmal denken, sollten Sie sie nicht ausschließen: Vielleicht fällt es Ihren Eltern sogar leichter, einen Versuch mit einer Beratung zu wagen, als mit Ihnen über Beziehungsfragen zu sprechen.

❷ Verlust des Partners

»Wie kann ich dich bloß trösten?«

Wenn ein Elternteil stirbt und so Vater oder Mutter allein zurücklässt, dann ist das für die ganze Familie ein herber Schlag. Der Verlust ist nicht leicht zu verarbeiten, und noch mit der eigenen Trauer befasst fragen sich viele erwachsene Kinder verzweifelt, wie sie denn der Witwe oder dem Witwer beistehen können. Der Verlust, den man im Alter erleidet, hat eine andere Qualität, eine andere Dimension und auch eine andere Form der Verarbeitung.

In dieser Situation Trost zu spenden ist unendlich schwer. Schwer ist es vor allem deshalb, weil es für viele Menschen die erste Begegnung mit dem Tod im engeren Familienkreis ist. Und weil wir nie gelernt haben, damit umzugehen.

Wenn ein Partner stirbt

Der Verlust des Lebenspartners ist für alte Menschen nur schwer zu ertragen. Je älter man wird, desto häufiger muss man sich auch mit dem Tod auseinandersetzen. Freunde, Geschwister, Verwandte sind im Laufe eines Lebens früher gegangen, man hat den Schmerz kennen gelernt, die Leere, die das hinterlässt.

Doch wenn der eigene Partner stirbt, mit dem man fast sein ganzes Leben verbracht hat, dann ist man von Trauer überwältigt. Alles andere tritt erst einmal in den Hintergrund. Ganz gleich, wie das Verhältnis zueinander war, gemeinsam älter zu werden mildert die Schwierigkeiten des Alters.

Die Witwe oder der Witwer wird durch den Tod aus dem bisherigen Leben gerissen, sie beziehungsweise er bleibt in Einsamkeit und Trauer zurück. Wer um einen geliebten Menschen trauert, der ist seinen Gefühlen existenziell ausgeliefert. »Es zerreißt einem das Herz«, sagt man. Manchmal ist man aber auch wütend über den anderen, der gegangen ist, weil er einen so hilflos zurücklässt.

Solange beide Partner noch leben, können sie sich gegenseitig ergänzen und anerkennen. Wenn einer von beiden stirbt, tun sich oft Lücken auf, die vorher nicht sichtbar waren. Dem klassischen Rollenverständnis nach fällt Witwern zudem die Versorgung des Haushalts mit Kochen, Waschen und Putzen schwer. Bleibt die Frau allein zurück, so sind es überwiegend die bürokratischen und handwerklichen Bereiche, in denen sie nun Unterstützung braucht.

Viel schwer wiegender ist allerdings, dass mit dem Partner auch Gespräche und Zärtlichkeiten aus dem Leben verschwinden, ebenso wie das gemeinsame Lachen, der Streit und die vielen kleinen Rituale.

Der eine folgt dem anderen nach

Nach vielen gemeinsam verbrachten Jahren geht es manchmal ohne Partner gar nicht mehr weiter. Statistisch gesehen folgen insbesondere Männer ihren verstorbenen Frauen schon kurze Zeit später nach. Sie sterben an »gebrochenem Herzen«, obwohl diese Diagnose auf keinem Totenschein steht. Das Phänomen ist hinlänglich bekannt.

Für die Angehörigen ist das natürlich doppelt tragisch, und auch deshalb ist es wichtig, den alten Menschen in seiner Trauer nicht allein zu lassen. Da jeder Mensch anders damit umgeht, lässt sich nicht prognostizieren, wie viel Liebe und Zuwendung, wie viel Trost und Gespräche es braucht, um den Tod des Partners zu verwinden.

Neben der Trauer reagieren die zurückgebliebenen Partner oft mit allerlei Krankheiten auf den Verlust und geben dadurch noch mehr Anlass zur Sorge.

Zu körperlichen Problemen kommen die psychischen, die der Verlust des Lebenspartners oft mit sich bringt, oder umgekehrt: zu den psychischen kommen die körperlichen Probleme.

Die Trauer ist ein schwarzer Vogel

Obwohl die Risikofaktoren für depressive Verstimmungen im Alter ansteigen, kümmert sich die Mehrzahl der Ärzte vornehmlich um den Körper alter Menschen, während man die seelischen Leiden ignoriert. Sie werden als Reaktion auf altersbedingte Verluste und zunehmende Vereinsamung erklärt. Doch anhaltende Traurigkeit, Antriebslosigkeit und Schlafstörungen als altersbedingt abzutun führt häufig dazu, dass nur die Symptome behandelt, die Ursachen aber nicht untersucht werden. Dabei sind Depressionen bei älteren Menschen, gerade nach dem Verlust des Lebenspartners, gar nicht selten.

Besonders oft treten psychogene, das heißt, seelisch bedingte Depressionen auf. Der Grund liegt häufig in der Vereinsamung und der Erkenntnis, dass auch für einen selbst der letzte Lebensabschnitt begonnen hat. Hinzu kommen Ängste, die sich ins Leben einnisten und zu einer Isolierung führen.

Aber auch somatogene Depressionen, also solche, die durch körperliche Erkrankungen ausgelöst werden, sind im Alter oft zu beobachten. Zu den Auslösern zählen unter anderem Demenz, Infektionen, aber auch Medikamentennebenwirkungen und Überdosierungen. Es lohnt sich auf jeden Fall, ärztlichen Rat einzuholen und auf die entsprechenden Symptome einer Depression hinzuweisen. Es ist keine Schande oder kein Versagen, wenn man sich aus dem Kreislauf von Trauer und Vereinsamung alleine nicht befreien kann.

Die Phasen des Verlustes

Wie man mit dem Sterben und dem Tod eines geliebten Menschen umgeht, hängt stark von der eigenen Persönlichkeit ab. Auch der Glaube spielt dabei eine bedeutende Rolle. Trotzdem sind die Phasen der Bewältigung vom Grundsatz her gleich, und Psychologen haben sie in fünf Schritte eingeteilt.

Beim ersten Schritt gilt es, die Wirklichkeit des Verlustes anzuerkennen. Die erste Reaktion auf den Tod eines geliebten Menschen ist der Schock, das Nicht-wahrhaben-Wollen. Man ist wie »erstarrt« und kann die Nachricht gefühlsmäßig noch nicht annehmen und einordnen. Die normale Reaktion darauf ist das Leugnen: »Das kann doch nicht wahr sein«, sagen viele. Je nach

Beziehung zum Verstorbenen dauert diese erste Phase einige Stunden bis zu mehreren Monaten.

Wenn der Schockzustand abklingt, brechen starke Gefühle hervor: Schmerz, Wut, Enttäuschung, Verzweiflung, Ruhelosigkeit, Verbitterung, Schuld, Einsamkeit, Hass, aber auch Liebe, die sich durch die Sehnsucht ausdrückt, vergangene Zeiten wieder aufleben zu lassen. Ein Zeichen dafür, dass die Trauernden diese Phase erreicht haben, sind in vielen Fällen auch körperliche Reaktionen.

In der Stressforschung werden der Verlust eines geliebten Menschen und die Trauer um diesen als wichtigster Auslöser für einen Dauerstresszustand benannt. Das Immunsystem wird extrem geschwächt, und die Gesundheit ist entsprechend gefährdet. In dieser Phase werden alle Regeln der gesunden Lebensführung außer Kraft gesetzt: Man isst und trinkt zu wenig und zu unregelmäßig, gönnt sich keine Ruhe und Entspannung. Was in dieser Phase wirklich hilft, ist das Weinen. Dadurch werden Blockaden abgebaut und Endorphine freigesetzt. Die Hormone tragen zur Entspannung bei und entlasten die Psyche.

Als nächster Schritt kommt die Akzeptanz des Verlustes. Der Trauernde kommt zur Ruhe und beginnt langsam, eine neue Ordnung in seinem Leben zu etablieren. Nicht immer gelingt das ad hoc, manche Menschen stecken in den ersten Trauerphasen fest, sind wie erstarrt und somit handlungsunfähig. Die Gefahr, jetzt in Depressionen abzugleiten, ist besonders hoch (vgl. oben).

Der zentrale Aspekt der Trauer ist das Loslassen und Abschiednehmen. Wenn wir einen nahestehenden Menschen verlieren, löst sich dadurch ein wichtiges zwischenmenschliches Band. Wer von dem Verlust zutiefst betroffen ist, dem fällt es schwer, anderen seine Gefühle zu zeigen. Die meisten Menschen versinken in Leere und Schmerz. Was nach dem Tod eines geliebten Menschen wirklich zählt, ist die Trauer zuzulassen und danach das Leben mit neuen, anderen Inhalten zu füllen.

Trauerarbeit leisten – Trost spenden

Jeder, der einen Verlust erlitten hat, braucht Zeit, um den Schmerz zu überwinden und sich auf die neue Situation einzustellen. Diese seelische Anpassungsleistung nannte der Psychoanalytiker Sigmund Freud in seinem Werk »Trauer und Melancholie« erstmals Trauerarbeit. Es ist nicht leicht, dem hinterbliebenen Elternteil bei dieser Trauerarbeit zur Seite zu stehen, wenn man selbst schwer mit dem Verlust zu kämpfen hat.

Vor allem durch Zuhören gelingt es, die individuellen Bedürfnisse des Trauernden zu erkennen. Das Gespräch über den Verstorbenen und über den Verlust baut Blockaden ab. Es hilft, ihn zu ermutigen, seine Gefühle auszuleben. Denn dieses Herauslassen angestauter Emotionen ist der entscheidende Faktor für die Neuorientierung, die am Ende des Trauerprozesses steht. Trauergespräche führen heißt aushalten können und geduldig sein.

Die Ablösung erfolgt Schritt für Schritt, und die Sterbeforscherin Elisabeth Kübler-Ross betont, dass es sehr wichtig ist, Trauernden zur Verfügung zu stehen, sich aber nicht in deren Schuldgefühle und Selbstvorwürfe einzumischen. Das »aktive« Zuhören, die Zuwendung und die sachliche Erörterung, der angeblichen Versäumnisse Trauernder im Sinn einer vorsichtigen Relativierung seien die einzige Hilfestellung, die man Trauernden wirklich geben könne. Dabei sei es durchaus erlaubt, den eigenen Gefühlen zu folgen und zu weinen, wenn einem danach ist.

Im Verlauf der Trauerarbeit lässt der Schmerz nach und die Ablösung vom Verstorbenen kann beginnen. In einigen Fällen sind die Schritte sehr klein, führen aber in die richtige Richtung.

Das Tempo des Verarbeitungsprozesses kann nur der Trauernde selbst bestimmen. Vermeiden Sie also Aufforderungen, »es gut sein zu lassen«. Ein Hinterbliebener kann es erst dann »gut sein lassen«, wenn es auch gut ist. Vielleicht aber sind Schmerz und Schuldgefühle noch zu dominant. Dann sind Geduld und Verfügbarkeit, Gespräche und gemeinsames Erinnern, Zuwendung und

Verständnis und Mittrauern die Hilfen, die man geben kann und sollte. Bieten Sie dem Witwer oder der Witwe, »eine Schulter zum Anlehnen und Ausweinen«. Solche Gesten sind der wahre Trost, zeigen sie doch, dass man den Trauernden in seiner Verzweiflung und seinem Elend nicht alleine lassen wird.

Beschämende Erleichterung

Manchmal ist der Tod auch Erlösung, und wenn ein Mensch stirbt, der lange gelitten hat, dann tritt Erleichterung an die Stelle von Trauer. Diese Emotion wird von vielen Menschen als sehr beschämend empfunden. Doch auch Erleichterung kann eine normale und gesunde Reaktion auf den Tod eines Menschen sein, dann nämlich, wenn sein Leben zur Qual wurde. Wer einen Schwerkranken über lange Zeit gepflegt und sein Leiden miterlebt hat, der hat auch einen Teil der Trauerarbeit durch den vorbereitenden Schmerz bereits geleistet.

Dann fällt es leichter, ein Lebenskapitel zu schließen und ein neues zu beginnen. Einen neuen Sinn zu finden geht so – von außen betrachtet – vergleichsweise schnell, ist aber keineswegs verwerflich.

Die passenden Worte finden

Den meisten Menschen fällt es schwer, Worte zu finden, um einen Trauernden zu unterstützen.

Es wäre absolut falsch, jetzt so zu tun, als wäre nichts geschehen. Auch sollte man nie die Trauer herunterspielen und mit Worthülsen (»Besser jetzt als später«) übertünchen. Absolut tabu ist es, die Gefühle des Trauernden zu beurteilen oder gar zu verurteilen. Ebenso sollte man nie ungefragt Aktivitäten entwickeln, die die Trauerarbeit bremsen. Dazu gehört beispielsweise das Wegräumen der Kleidung und anderer Habseligkeiten des Ver-

Wer zu ehrlichen (Mitleids-)Gefühlen nicht in der Lage ist, stellt keine Hilfe dar. Was hingegen nicht oft genug gesagt werden kann sind solche Worte:

- Es tut mir leid.
- Das muss sehr schwer für dich sein.
- Ich bin hier, ich höre dir zu, wenn du reden magst. Sprich dich aus.
- Lass dir Zeit.
- Weine dich aus.

Genauso ehrlich und schlicht kann man formulieren: »Ich weiß ehrlich nicht, was ich sagen soll.«

storbenen, was es angeblich leichter machen soll, einen Schlussstrich zu ziehen. Lassen Sie die Finger davon!

Aber vielleicht ist man selbst nicht der Richtige, um zu helfen – auch dieser Tatsache sollte man sich stellen. Manchmal ist eine andere Person dafür besser geeignet. Also nehmen Sie allen Mut zusammen und fragen Sie: »Gibt es jemand Bestimmten, den du bei dir haben möchtest?« Hier und jetzt ist nicht der Ort und die Zeit für falsche Empfindlichkeiten.

❸ Einsamkeit

»Wer nimmt dich in den Arm, wenn du traurig bist?«

Oma Else lässt sich zufrieden auf den Stuhl sinken, sie strahlt übers ganze Gesicht. Eben hat sie noch den dampfenden Braten auf den Tisch gestellt, jetzt sitzt sie da und freut sich, dass es den Enkeln so gut schmeckt. »So eine große Tafel hatte ich schon lange nicht mehr«, bemerkt Oma Else. »Da macht das Kochen wieder richtig Spaß.« Die Tochter wirft der Mutter einen sorgenvollen Blick zu. »Dünn ist sie geworden«, denkt sie, »so blass und zerbrechlich.« Dann fragt sie laut: »Kochst du auch für dich allein?« Die Mutter zuckt mit den Schultern: »Ich brauch nicht mehr viel«, ist die indifferente Antwort. Und die Tochter ahnt, dass Oma Else damit nicht nur das Essen und Trinken gemeint hat.

Dass Oma Else mit wenig zufrieden ist, heißt jedoch nicht, dass sie sich nicht mehr wünscht. Mehr Aufmerksamkeit beispielsweise oder mehr Besuche der Familie. Aber dass sie so gemeinsam am Mittagstisch sitzen, bleibt die Ausnahme, weil ihre Tochter samt Familie so weit weg wohnt. Oma Else lebt allein, seit ihr Mann vor vier Jahren gestorben ist, und war bislang auch zufrieden damit. Doch mit dem Tod ihrer besten Freundin Hanna scheint sich etwas verändert zu haben.

Vielen alten Menschen geht es ähnlich: Sie sind einsam, sie fühlen sich allein gelassen und isoliert. Nur so genau würden sie das nie formulieren. Einsamkeit im Alter ist ein schleichender Prozess. Erst stirbt der Partner, dann verliert man immer mehr Freunde. Um nochmal neue zu finden, dafür fehlen dem alten Menschen die Kraft und der Mut. Der Körper spielt dabei auch nicht mehr so mit, und mit den Fähigkeiten geht auch die Mobilität dahin. Multilokale Familienstrukturen – wie es im Fachjargon heißt – tun ein Übriges, dass die Welt immer enger wird.

Einsam und allein

Die Einsamkeit scheint eine erschreckende Vorstellung zu sein; besonders alte Menschen leiden unter der Angst zu vereinsamen und fühlen sich allein gelassen. In einer Welt, die immer näher zusammenrückt, in der Kommunikation ein Zauberwort ist, scheint diese Befürchtung widersinnig, stehen wir doch alle durch Telekommunikation, Funk und Fernsehen mit der ganzen Welt in Kontakt.

Wir sollten nicht übersehen, dass es sich bei Einsamkeit und Alleinsein um zwei Begriffe handelt, die etwas ganz Unterschiedliches bedeuten. Ist nicht jeder Mensch schon einmal allein gewesen, ohne sich einsam zu fühlen? Und umgekehrt: Kennt man nicht auch das Gefühl, unter Menschen und trotzdem einsam zu sein? Man muss also nicht allein sein, um sich einsam zu fühlen. Während sich das Alleinsein mehr auf die äußere Situation bezieht, so spiegelt die Einsamkeit ein Gefühl wider.

Wenn dem Ich das Du fehlt

Der Mensch ist sich nicht selbst genug, meistens jedenfalls nicht. Er braucht ein Gegenüber, quasi als Spiegel seiner selbst, um sich lebendig zu fühlen. Ein Ich ohne Du – das ist Einsamkeit pur und macht die Sehnsucht nach Gesellschaft nur schmerzhaft bewusst.

Jeder Mensch kann in jeder Lebensphase von Einsamkeit gefangen werden. Dann, wenn die tragenden Säulen des Lebens, wie Arbeit, Familie oder Partnerschaft, wegbrechen, droht man, in ein schwarzes Nichts zu stürzen. Wenn man noch jünger ist und viele Interessen hat, kann man der Einsamkeit meistens entfliehen. Doch für alte Menschen ist eine Flucht aus eigener Kraft heraus oft nicht mehr möglich.

Stellt man sich das Lebensumfeld als Insel vor, so wird dieser begrenzte Lebensraum im Alter immer kleiner. In der Vergangenheit hat man noch ausgedehnte Spaziergänge unternommen, ist mit dem Bus gefahren oder mit der Bahn. Lässt die Mobilität aber nach, wird das nähere Umfeld wichtiger.

Im Mittelpunkt ist die Wohnung, das Heim, das Zuhause, drum herum erreicht man noch den Nachbarn, den Bäcker, den Arzt und den Apotheker. Wer Glück hat, hat auch die Familie in der Nähe, aber auf diesen Luxus können nicht alle alten Menschen zurückgreifen.

Mit dem Verlust des Partners oder dem Verlust von Fähigkeiten kann die Welt alter Menschen also bedrückend eng werden. Im Wortsinn ebenso wie im übertragenen Sinn. Franz Riemann beschreibt es so: *»Es ist wohl vor allem das Gefühl völliger Ungeborgenheit, des ganz und gar Auf-uns-selbst-gestellt-Seins: Nie-*

mand spricht mit uns, wir können uns an niemanden wenden; wir empfinden nur Leere, und uns erfasst eine gegenstandslose, unbestimmte Angst.« Einsamkeit hat also etwas mit Angst zu tun, einer undefinierbaren noch dazu. Angst hat den gleichen Wortstamm wie »eng«. Wenn Angst also das Leben beherrscht, dann wird es eng, dann hat man nicht mehr die Freiheit, einfach hinauszugehen und sich Abwechselung zu suchen.

Der Wert eines Menschen liegt nicht im Tun, sondern im Sein

Die Isolation von der Umwelt verstärkt die innere Einsamkeit. Die Psychologen sprechen vom »Turn-away-Effekt«, was bedeutet, dass der einsame Mensch sich nun auch bewusst von der Welt draußen abwendet und seinen Zustand dadurch verstärkt. Die Einsamkeit führt zum Stillstand. »*Der Stillstand der Zeit, den der Einsame empfindet, gleicht einer auf dem toten Punkt angelangten Zeit, der Bewegungslosigkeit in einem riesigen Raum, der unabänderlichen Nutzlosigkeit des Seins«,* schreibt der Schriftsteller Manes Sperber. Dem lässt sich entnehmen, dass der Wert eines Menschen eben nicht im Tun liegt, sondern im Sein.

Diese weisen Worte passen so wenig in unsere leistungsorientierte Welt. Wer nichts mehr kann, ist nichts mehr wert, so lautet das Motto. Selbst älteren Menschen fällt es schwer, sich von diesem Leistungsdruck zu befreien und sich auf die wahren Werte zu besinnen. Sich in seinem »Sein« wertvoll zu erachten würde alle Probleme auf einen Schlag wegwischen. Aber will man das überhaupt? Was nutzt die ganze Würde, wenn sie keiner zur Kenntnis nimmt? Der Volksmund sagt so schön, »der Mensch gehe immer weiter zurück« oder »er werde immer weniger«, und meint damit den deutlich wahrnehmbaren körperlichen Verfall. Doch welche Chance hat ein Mensch, der »immer weniger wird«, überhaupt noch wahrgenommen zu werden?

Einsamkeit kann auch Leere bedeuten. Eine Wohnung, die man allein für sich hat, wird bedrückend. Ein Leben, das man ganz allein bestimmen kann, ist von Langeweile geprägt.

Langeweile ist der Boden, auf dem Frustration und Lustlosigkeit gedeihen. Es gilt also, gerade in diesem Lebensabschnitt noch einmal allen Mut zusammenzunehmen und jedes Angebot anzunehmen, damit aus dem Alleinsein keine Einsamkeit wird.

Zusammen ist man weniger allein

Das ist nicht nur der Titel eines schönen Romans von Anna Gavalda, sondern auch die einfachste Formel gegen Einsamkeit. Eine zu einfache Formel für denjenigen, der sich in Isolation gefangen sieht. Wer isoliert ist, kann sich nicht allein aus dem Teufelskreis befreien. Jede Stimmung läuft ins Leere, jedes Wort verhallt im Raum. Einsamkeit, so träge sie daherkommt, bedeutet für den Organismus Stress. Und weil andauernder Stress krank macht, reagieren auch viele ältere Menschen mit allerlei Krankheiten auf Verluste im Umfeld.

Wer spürt, dass Mutter oder Vater in Einsamkeit gefangen sind, muss das Gespräch und die Nähe suchen, denn der Schritt zur Depression ist nur winzig klein.

Jeder Mensch kennt das: Man steckt fest im Sumpf düsterer Gedanken und übersieht den Strohhalm, der Rettung bedeutet. Dann schickt der Himmel einen Menschen vorbei, der etwas sagt oder tut – und plötzlich erscheint alles in einem neuen Licht. Solche himmlischen Botschaften muss man nicht dem Zufall überlassen, man kann dafür sorgen, dass kleine Wunder geschehen.

Am Anfang steht die Erkenntnis: Man wird nicht einsam, sondern man macht sich einsam. Die negative Erwartungshaltung führt dazu, dass Enttäuschungen nicht überwunden, sondern verallgemeinert werden.

Die Assoziation »Alter = Einsamkeit« ist grundsätzlich falsch, die Menschen sind nicht einsam, weil sie alt sind. Einsam waren sie vielleicht schon vorher, nur ist ihnen das nie so schmerzhaft bewusst geworden.

Gesellschaft finden und Beziehungen pflegen

Zurück ins Leben führt kein Sprung, sondern ein langsamer Aufstieg aus den Tiefen der Isolation. Er beginnt mit der Entscheidung, der Isolation zu entkommen. Diesen ersten Schritt sollten Sie in Gesprächen mit einsamen alten Menschen anpeilen.

Der Rest ist Ermutigung und gründliche Recherche. Selten ist ein soziales Netz völlig aufgelöst. Es mag weitmaschiger geworden sein, doch es gibt immer noch Fäden, an denen man anknüpfen kann. Da ist die Freundin, von der man schon so lange nichts mehr gehört hat; der Nachbar, mit dem man früher immer so nett geplaudert hat, das Treffen, zu dem man schon seit Jahren nicht mehr gegangen ist. All das gilt es, in den Gesprächen mit den Eltern herauszufiltern. Manchmal ist es hilfreich, wenn man ihnen bei den ersten Schritten zur Seite steht, sie zu Treffen oder Veranstaltungen begleitet.

Niemand ist ohne Interessen. Vielleicht erscheinen sie nicht mehr so stark, sind verschüttert vom Alter und den nachlassenden Fähigkeiten. Aber sie sind noch da und können einen wertvollen Weg zu anderen Menschen weisen, die die gleichen Interessen teilen. Und: Niemand ist ohne Fähigkeiten. Ganz gleich, ob sie beziehungsweise er gerne singt, sich handwerklich betätigt, Kakteen züchtet oder vorliest – es gibt immer andere Menschen, die dankbar sind, von diesen Fähigkeiten zu profitieren.

Mobilität fördern

In den eigenen vier Wänden mag Einsamkeit am leichtesten zu ertragen sein, aber dort lässt sie sich nicht bewältigen. Nur wer den Rückzug aufgibt, kommt voran. Oft sind es schon kleine Schritte, wie den Nachbarn zu grüßen, die Freundin anzurufen, ein paar Worte mit dem Zeitungshändler übers Wetter zu wechseln, die Selbstvertrauen zurückgeben. Es geht darum, anderen zu vertrauen und Kontakte aufzunehmen.

Von erwachsenen Kindern erfordert dies Engagement und Unterstützung, aber langfristig lohnt sich diese investierte Zeit, weil sie hilft, die Mauern der Isolation einzureißen. Und dazu passt ein Zitat von Franz Kafka, der einmal gesagt hat: *»Wege entstehen dadurch, dass man sie geht.«*

❹ Neue Liebe im Alter

»Papa, hast du eine neue Freundin?«

Neuerdings trägt Opa Jeans und Turnschuhe, dazu ein flottes Poloshirt in Schockfarben. Sein Schritt ist beschwingt, stets hat er ein Lächeln auf den Lippen; und kommt die Sonnenbräune im Gesicht wirklich nur von der Gartenarbeit?

So manche Senioren entsprechen so gar nicht unserer Vorstellung vom Alter. Kaum im Ruhestand, starten sie nochmal so richtig durch, geben Gas und wollen Spaß. Die meisten Menschen, die diese Schwelle zum Alter überschreiten, wollen zunächst einmal etwas ganz anderes: ihre Freiheit genießen, beispielsweise, oder Versäumtes nachholen.

Heutzutage ist Altern zunehmend tabu. Gern schmückt man sich mit Attributen wie »jung geblieben« und Sprüchen wie »Man ist nur so alt, wie man sich fühlt«. Aber warum ist das Altsein eigentlich so schrecklich unbeliebt? Zunächst einmal passt Altsein im Sinne von Beschränkung nicht in das Lust-und-Spaß-Prinzip unserer Gesellschaft. Wer sich zu den jungen Alten zählt, der reist nach Bali und auf die Malediven, lernt tauchen oder stürzt sich mit dem Paraglider von Berggipfeln. Junge Omas schnallen sich Inline-Skater an die Füße und agile Opas surfen auf Hawaii.

Tatsache ist, dass das neue Leben danach unter anderen Vorzeichen stattfinden soll. Nicht immer sieht dieser neue Lebensplan einen Platz für den alten Partner vor. Trennung an der

Schwelle zum Alter kommt häufiger vor, als man denkt, und öfter als der Verlust durch den Tod eines Partners.

Männer werden reifer, Frauen werden älter

Im Vordergrund für die Frühlingsgefühle vieler agiler älterer Herren steht der Wunsch nach Abwechslung und neuen sexuellen Herausforderungen. Viele Männer setzen sexuelle Zufriedenheit mit ehelichem Glück gleich und kommen so mit zunehmendem Alter und Ehejahren zu der Erkenntnis, dass es mit dem Eheglück nicht mehr weit her ist.

Bei Frauen ist das anders: Das Klimakterium bildet eine biologische Hürde, die nicht jede Frau mit Leichtigkeit und Souveränität nehmen kann. Oft bleibt das sexuelle Begehren auf der Strecke, und es fehlt die Freiheit der Gedanken, um dem Ganzen neues Leben einzuhauchen. Es gibt Männer, die mit Geduld und Fantasie ihre Partnerschaft über die Klippen der Wechseljahre hinwegretten, aber es gibt mindestens ebenso viele, die sich anderweitig orientieren.

Frisch verliebt mit 65

Als Erklärung für das unterschiedliche Altern von Männern und Frauen wird gern die Biologie herangezogen. Mit den Wechseljahren endet für die Frau die Gebärfähigkeit. Zwar stellen sich auch beim Mann die Hormone um, doch er bleibt noch länger zeugungsfähig, weshalb er sich gerne nach jüngeren Frauen umsieht und vielleicht dabei so etwas wie Liebe empfindet.

Nun ist es nicht für alle Beteiligten leicht nachzuvollziehen, warum dreißig Jahre Ehe wegmüssen, um einigen Tagen, Wochen, Monaten der Lust Platz zu machen.

Eine junge Frau an der Seite eines angegrauten Mannes wirkt in der Tat oft wie ein Jungbrunnen, doch wie lange diese herzerfrischende Therapie Wirkung zeigt, ist individuell verschieden. In der Regel folgt die Ernüchterung auf dem Fuß, manchmal hält es länger. Auch die Reaktion der verlassenen Ehefrau spielt dabei eine wichtige Rolle.

Nicht immer aber steckt der schlichte Trieb dahinter, wenn alte Männer sich jung verlieben. Manchmal ist es auch so, dass eine in Ehren ergraute Ehefrau dem Mann nur ständig den Spiegel des eigenen Älterwerdens vorhält und man das nicht ertragen kann. Wenn sie vom Alter gezeichnet ist, dann ist er es doch wahrscheinlich auch, und allein diese Tatsache lässt schon an Flucht denken.

Und noch ein Aspekt weckt Begehrlichkeiten: Wenn man alt wird und doch stark sein will, dann wagt man lieber einen Neustart – unbelastet von den Schwächen und Tiefpunkten der Vergangenheit. Die Ehefrau weiß zu viel und ist Zeugin der eigenen Lebensgeschichte. Dieses Wissen verleiht ihr eine gewisse Macht und Stärke. Dagegen ist die Neue ein quasi unbeschriebenes Blatt, nicht unbedingt dumm und naiv. Doch allein die Lebenserfahrung, die er mit in die neue Beziehung bringt, lässt sie manchmal dümmer dastehen als ihn. Und das ist unter Umständen Balsam für das angeschlagene Rentnerego.

Zurückweisung und Selbstzweifel

Wenn Beziehungen scheitern, hinterlassen sie stets einen Partner, der mit Selbstzweifeln und -vorwürfen zurückbleibt. Hier bricht ein ganzer Lebensentwurf wie ein Kartenhaus zusammen und lässt im Alter meistens die Frau ohne Perspektive zurück. Offensichtlich ist zunächst die Leere der Wohnung und die Kälte im Herzen, die sich durch die Zurückweisung breitmacht. Sie ist sich sicher, versagt zu haben, und das gleich in mehrfacher Hinsicht. Wie anders lässt es sich erklären, dass der Mann nach so langer Ehe auf und davon ist? Zur Erkenntnis des Versagens kommt die Scham, sexuell nicht genügt zu haben. Die logische Schlussfolgerung daraus: Ich bin nicht mehr attraktiv, nicht mehr begehrenswert, nicht mehr interessant.

Wenn der Partner stirbt, lässt auch er einen Menschen allein zurück. Die Qualität des Verlustes und die Möglichkeiten der

Verarbeitung sind dabei allerdings ganz anders (vgl. Frage 2 in diesem Kapitel). Wo im ersten Fall vielleicht noch Hoffnung besteht, ist im anderen Fall die Hoffnung mit dem Partner gestorben. In beiden Fällen jedoch ist das Leben noch nicht zu Ende.

Einen neuen Partner finden

Auch wenn nach Tod oder Trennung der Alltag des Verlassenen in trister Traurigkeit versinkt, so gibt es im Leben immer eine zweite Chance. Manche wünschen sich nach Jahren des Alleinseins einen neuen Partner, anderen begegnet er einfach, wieder andere suchen ihn ganz gezielt.

Tatsächlich suchen alleinstehende Männer aktiver nach einer neuen Partnerin, als das umgekehrt der Fall ist. Während Frauen eher nette Bekanntschaften machen wollen und wenn es ernster wird, einer »Liebe auf Distanz« den Vorzug geben, sind Männer mehr an einer eheähnlichen Beziehung interessiert.

Aber weil neue Lebenspartner nicht vom Himmel fallen, muss man aktiv werden, um sie zu finden. In dieser Hinsicht sind Männer autarker und weltgewandter als die meisten Frauen. Sie gehen in Vereine und besuchen Veranstaltungen, machen alleine Reisen oder sind sozial engagiert. Alleinstehende Frauen hingegen bewegen sich mehr im familiären Umfeld, vielleicht weil sie es ihr Leben lang gewohnt waren, nicht allein unterwegs zu sein.

Einen neuen Partner im Alter zu finden, ist nicht leicht. Aber wenn man ihn oder sie dann doch trifft, steht einem zweiten Frühling nichts entgegen.

Die Liebe im Alter

Während die einen offensiv eine neue Partnerschaft anstreben und leben, suchen die meisten Singles im Alter mehr einen Seelenverwandten denn eine neue Liebe. Sie wünschen sich jemanden, der ihnen nahesteht, dem sie vertrauen können und mit dem sie die verbleibende Zeit genießen können.

Oft entsteht dieser Wunsch aus der Angst heraus, im Alter einsam und allein zu sein. Aber die Gründe sind nicht wichtig, denn das, was zählt, ist die Zufriedenheit in einer neuen Beziehung.

Viele ältere Paare entscheiden sich bewusst für eine »Liebe auf Distanz«. Sie behalten die eigene Wohnung, öffnen sich aber einem neuen Partner. Diese Beziehungen sind oft sehr beglückend, weil sie auf tief empfundener Sympathie und gemeinsamen Interessen beruhen. Auf der Basis von Rücksichtnahme und liebevoller Aufmerksamkeit kann eine starke Bindung wachsen, die nicht belastet wird von dem Drang, den anderen zu verändern. Das bedeutet vor allem, dass die Autonomie des Partners respektiert wird.

Viele ältere Menschen wollen einerseits nicht auf Zärtlichkeit, Nähe und Vertrautheit verzichten, andererseits aber ihren Freiraum nicht aufgeben. Eine Beziehung, die auf so rationalen Überlegungen basiert, hat gute Aussicht auf Bestand. Und als erwachsene Kinder sollte man sich über solches Glück einfach nur freuen.

Und was sagen Sie dazu?

Statistisch gesehen sind die meisten erwachsenen Kinder geschockt, wenn sie vom neuen Partner an der Seite ihrer Mutter oder ihres Vaters erfahren. Ablehnung und Vorbehalte sind die übliche Reaktion – leider. Die meisten empfinden es als unpassend, dass sich alte Menschen nochmal neu verlieben. Als Kind (das immer noch in jedem steckt) fühlen sie sich zurückgesetzt und vor den Kopf gestoßen. All diese Reaktionen sind einerseits verständlich, aber auch kindisch.

Denn: Jeder Mensch hat ein Anrecht auf Glück – und dieser Anspruch ist unabhängig vom Alter. Kinder und Enkel bieten keinen adäquaten Ersatz für eine Beziehung. Das können sie nicht, und wenn man ehrlich ist, wollen sie das auch gar nicht. Es ist nur das Kind in uns, das rebelliert, wenn Mama oder Papa auf Freiersfüßen wandelt.

Ist der Partner gestorben und sucht sich der Witwer oder die

Witwe einen neuen Partner, so denken viele Kinder, dass eine neue Partnerschaft den Verstorbenen entehrt, von seinem Platz stößt oder die Erinnerung verunglimpft. Das ist natürlich alles nicht so, und schon gar nicht wird der neue Partner den Platz des Verstorbenen einnehmen. Er oder sie kann das nicht, und in der Regel will er beziehungsweise sie das auch gar nicht.

Als erwachsenes Kind muss man sich eines klarmachen: Eine neue Beziehung ist nicht automatisch eine Entehrung der alten Ehe – auch nicht, wenn sie auf eine Trennung der Eltern folgt und nicht auf den Tod eines Elternteils. Deshalb sollte man kompromissbereit sein und der neuen Beziehung eine Chance geben.

Ob das gelingt, liegt nicht zuletzt an der Mutter oder dem Vater selbst. Wer klug ist, gibt seiner Umgebung Zeit, sich an die neuen Verhältnisse zu gewöhnen.

Gespräche mit dem verlassenen Elternteil

Nicht immer sind die Eltern Single, wenn sie sich auf eine neue Beziehung einlassen. Manchmal haben sie sich getrennt, damit ein Partner eine neue Beziehung eingehen kann. Dann bleibt der andere – zumeist die Frau – allein zurück.

Für erwachsene Kinder wird die Situation dadurch doppelt schwer. Auf der einen Seite haben sie das himmelhoch jauchzende Glück, auf der anderen Seite das zu Tode betrübte Elend. Wo hier Gesprächsbedarf ist, liegt klar auf der Hand: Den Glücklichen kann man nicht umpolen, die Unglückliche hingegen braucht dringend Unterstützung.

Vielleicht hält es die verlassene Mutter für unschicklich, mit ihren Kindern über die Situation zu sprechen, doch in der Regel braucht sie ein Gegenüber, um sich all die Wut, Trauer und Sorgen von der Seele zu reden. Das Alter stellt insbesondere für das Selbstbewusstsein der Frau eine große Herausforderung dar; wo man aber offensichtlich nicht geliebt wird, da tut sich die Eigenliebe, der Narzissmus, besonders schwer. Die Kränkung kann dermaßen tief sitzen, dass Depressionen Tür und Tor geöffnet sind – das ist die Gefahr. Trauer, Wut und Tränen hingegen bieten ein gutes Ventil für all diese aufgestauten Emotionen.

Wie viele Gespräche notwendig sind, um diese Krise zu meistern, ist individuell sehr verschieden. Einen Gedanken allerdings sollte man im Hinterkopf behalten: Begehren – und darum geht es den meisten älteren Männern, die ihre Frauen verlassen – kann man nicht erzwingen. Aber das bedeutet im Umkehrschluss nicht, dass die verlassene Frau nicht begehrenswert ist. Auch wenn der Exehemann sich abgewendet hat, hat sie trotz allem das Recht, sich als Frau zu sehen und zu fühlen. In diesem Sinne sollte man sie bestärken und den Narzissmus streicheln.

❺ Alte Männer und zotige Geschichten

»Papa, wie kannst du so was erzählen?«

»Kennt ihr den schon?«, der Großvater lacht schallend und haut sich schon aus Vorfreude auf die Schenkel. »Also, da kommt ein Mann zum Arzt …« Während Opa seinen neuesten Witz erzählt, blicken die Enkel zu Boden, der Tochter treibt es die Schamesröte ins Gesicht, und die Oma lächelt nur gezwungen. »Papa«, platzt es da aus der Tochter heraus, »erzähl doch nicht so was, und das auch noch vor den Kindern!« Opa guckt betroffen, hat sich aber gleich darauf wieder gefangen und setzt erneut an: »Also, neulich habe ich in der Zeitung gelesen, dass jetzt Kampfjetpiloten Viagra bekommen, um sich besser konzentrieren zu können. Tolle Sache, sollte ich auch mal probieren – oder was meinst du, Erna?« Nur einer lacht, alle anderen am Tisch schweigen betroffen.

Im Alter werden die Menschen manchmal wunderlich – zumindest sehen wir das von außen so. Der Vater, ehemals so korrekt und zugeknöpft, mutiert zur Plaudertasche und erzählt zotige Geschichten. Die Mutter ist da schon weniger mitteilsam, es sei denn, sie beklagt sich über die Reden ihres Ehemannes. Sex und Alter, das ist ein Tabu, und deshalb weiß man wenig bis gar nichts darüber, weil eben niemand darüber spricht.

Let's talk about sex!

Zwischen Eltern und Kindern – gleich welcher Altersstufen – ist das kein Thema. So wie wir nicht wollen, dass unsere Eltern sich in unser Privatleben einmischen, so übt man quasi automatisch ihnen gegenüber die vornehme Zurückhaltung bei diesem heiklen Thema. Und Sex im Alter ist ohnehin ein Tabu. Das heißt nicht, dass er aufhört zu existieren, wenn man älter wird. Der amerikanische Mediziner und Buchautor Sherwin B. Nuland zitiert beispielsweise dazu ein Standardwerk (»Principles of Geriatric Medicine & Gerontology«) folgendermaßen: *»Es ist beruhigend zu wissen, dass das Alter an sich nicht zu sexuellen Problemen führt.«* Zumindest – so Nuland weiter – zu keinen Problemen, die man nicht auch schon bei anderen Altersgruppen festgestellt habe.

Aber woher kommt es dann, dass manche älteren Männer scheinbar nichts anderes mehr im Kopf haben und ständig darüber reden müssen? Wollen sie mehr, als sie haben können?

Zumindest im eigenen Wunschdenken sind alte Herren oft immer noch tolle Hechte. Aber das ist nur eine Seite der Medaille.

»Denn an sich ist nichts weder gut noch böse, das Denken macht es erst dazu.« Das lässt Shakespeare seinen Hamlet sagen. Das zu bewerten steht erwachsenen Kindern nicht zu – und sich auf Gespräche darüber einzulassen auch nicht.

Die Fakten sprechen für sich

Dass sich im Alter der Körper verändert, ist klar. Und mit dem Körper verändert sich alles, auch die Sexualität. Bei der Frau sind die Umstellungen radikaler und treten früher ein, als beim Mann. Mit den Wechseljahren geht bei den Frauen die Hormonproduktion zurück. Das Ende der Gebärfähigkeit bedeutet eine radikale und endgültige Umstellung, die auch die Libido, das Lustempfinden, nachhaltig beeinflusst. Auch bei Männern verändert sich die Hormonproduktion, doch bei weitem nicht so nachhaltig wie bei den Frauen. Der Unterschied: Die Libido lässt nicht so stark nach.

Allerdings kommt es mit zunehmendem Alter aus den verschiedensten Gründen zu Impotenz – und das macht den älteren Herren schwer zu schaffen.

Dem Alter fehlen die Freuden der Lust ...

... wusste schon Cicero. Und wo der Körper nicht fähig ist, bleiben die Gedanken trotzdem frei. Aus der französischen Literatur kennt man die Figur des Lustgreises, der, von der Lust getrieben, sich immer wieder zum Narren macht und dafür bluten muss. Auch viele älteren Herren scheint es heute noch ähnlich zu gehen; dabei ist der Wunsch der Vater des Gedankens, aber zur Erfüllung reicht es meist nicht.

Es ist ein Irrglaube zu denken, dass Sex im Alter selten und unangebracht sei. Paare, die sich emotional und körperlich nahe sind, haben bis ins hohe Alter Spaß daran – nur hat der Spaß vielleicht ein anderes Gesicht. So steht nicht mehr sie im Vordergrund, sondern die Nähe und das Vertrauen.

Impotenz – wenn Mann nicht kann, wie er will

Es gibt etliche Altersleiden, die die Lustempfindung stören. Dazu gehören Herz-Kreislauf-Erkrankungen, Diabetes, Multiple Sklerose, Prostata-, Parkinson- und Alzheimer-Erkrankungen. Doch nicht nur die Krankheiten stören die sexuellen Empfindungen, ebenso tun das die dagegen eingesetzten Medikamente.

Einige Erkrankungen und Medikamente führen zu erektilen Funktionsstörungen, andere Krankheitsbilder wie Alzheimer, Demenz, Parkinson oder Schlaganfall machen es unmöglich, sexuelle Gefühle zu entwickeln oder überhaupt Nähe zuzulassen.

Eine wichtige Rolle spielen dabei auch Medikamente, die das

Lustempfinden ausschalten oder anregen. Zu den Arzneimitteln, die die Lust ausbremsen, gehören Anxiolytika (Angst lösende Medikamente), Antidepressiva, Neuroleptika, Hypnotika (Schlafmittel), Antihypertensiva (Blutdruck senkende Mittel) und Östrogene zur Behandlung von Prostatabeschwerden. Mittel, die die Orgasmusfähigkeit beeinflussen, werden beispielsweise bei der Behandlung von Parkinson, Asthma oder Inkontinenz verordnet.

Viele alte Männer wissen nicht, dass ihre Beschwerden und Befindlichkeiten vielleicht auf die Nebenwirkungen von Medikamenten zurückzuführen sind. Aber damit verändert sich unter Umständen ihre ganze Persönlichkeit, und darunter leidet nicht nur ihr Umfeld, sondern auch sie selbst.

Im Gespräch: Ziehen Sie klare Grenzen!

Würde man mit alten Herrschaften über ihr Sexualleben sprechen wollen, wäre das ein klarer Verstoß gegen die Regeln.

Auch wenn Sie auf den letzten Seiten einen Einblick in das erhalten haben, was alte Herren vielleicht dazu treibt, ihr Umfeld mit zotigen Geschichten zu belästigen, so sollte das zwischen Kindern und Eltern nicht zum Diskussionsstoff werden. Intimsphäre bleibt Intimsphäre – ganz unabhängig vom Alter. Das bedeutet im Umkehrschluss aber nicht, dass man alles hinnehmen muss. Im Gegenteil, es sollte das Ziel eines Gespräches sein, dem alten Herrn klarzumachen, wie seine Umwelt seine zotigen Sprüche wahrnimmt und wie viel Respekt und Zuneigung er unter Umständen dadurch verspielt. Die Enkel beispielsweise fühlen sich durch zotige Sprüche unter Umständen peinlich berührt. Die Nachbarn tuscheln, die Freunde meiden den Kontakt – all das kann nicht im Sinne des älteren Menschen sein.

Jeder muss sich an die Spielregeln der Gesellschaft halten. Das kann man auch – in aller Höflichkeit und mit gebotenem Ernst – einem älteren Herrn klarmachen, der durch seine Pseudo-Liberalität alle vor den Kopf stößt.

Kapitel 4

Fünf Fragen rund um den veränderten Charakter

Im Alter, so sagt man, zeigt sich der wahre Charakter eines Menschen. Aber viele erwachsene Kinder haben das Gefühl, ihre alten Eltern gar nicht mehr wiederzuerkennen. Die Mutter lässt sich gehen, der Vater trägt sein ganzes Geld in den Baumarkt – und beide zusammen sind so fordernd, dass man es kaum noch ertragen kann. Kennt man diese »neuen« Charakterzüge wirklich nicht oder hat man sie nur verdrängt?

Immer noch ist die Hoffnung unter erwachsenen Kindern weit verbreitet, dass die Eltern im Alter verständnisvoller und zugänglicher werden. Sie wünschen sich, dass sie weniger selbstbezogen sind, dass sie irgendwie weiser und reifer werden. Wenn man Glück hat, ist das so.

Manchmal aber werden negative Eigenschaften auch noch verstärkt. *»Oft tritt als Reaktion auf die Konflikte des Alterns auch eine Verstärkung der Charakter-Pathologie mit zunehmendem Geiz, Neid oder anderen Charaktersymptomen zutage«*, stellt der Psychologe Michael Ermann fest.

Wenn alte Eltern zunehmend schwieriger werden, so ist das also eine typische Alterserscheinung, aber das wiederum ist kein wirklicher Trost. Man sieht sich mit Menschen konfrontiert, die man zwar sein Leben lang kennt, die nun aber völlig verändert sind.

In vielen Situationen drängt sich der Vergleich zu kleinen Kindern auf, die mit allen ihnen zur Verfügung stehenden Mitteln ihren Willen durchsetzen wollen. Dass der Vergleich hinkt, ist offensichtlich. Denn es geht nicht um Süßigkeiten oder Game Boy-Spiele, sondern um Emotionen – um Aufmerksamkeit in erster Linie, aber auch um Wut, Trauer und Aggression.

Neue Verhaltensmuster fordern neue Verhaltensstrategien – und nicht immer ist die Lösung der Probleme so leicht, wie gedacht. Denn der Umgang mit Kritik ist in keinem Alter leicht, noch schwerer wird es, wenn man die einst allmächtigen Eltern kritisieren muss. Doch manchmal muss man sich diesen Herausforderungen stellen. Gelassenheit und Toleranz sind nicht nur im Alter erstrebenswerte Eigenschaften.

❶ Geiz und Großzügigkeit

»Warum wirfst du dein Geld zum Fenster hinaus?« Oder: »Seit wann bist du so ein Geizhals?«

Bei einer großen Baumarktkette hängt dieses Schild an der Eingangstür: »Vorsicht, Baumarkt! Frauen haften für ihre Männer!« Tatsächlich ist die Klientel überwiegend männlich und im Rentenalter. Die magische Anziehungskraft von Baumärkten auf ältere Herren ist ein ebenso typisches wie ungeklärtes Phänomen. Während Oma ihr Geld lieber den Enkeln zusteckt, hat der Großvater ganz andere »Investitionen« im Kopf. Er kauft Holzlatten und Werkzeug, Farbe und Lack. Wenn man fragt, wofür, bekommt man als Antwort ein Achselzucken.

Während die einen ihr Geld in den Baumarkt tragen oder den Enkeln zustecken, werden die anderen zunehmend geizig. Sparsamkeit wäre ja noch nachzuvollziehen, weil die Rente immer weniger wert ist, aber so ein richtiger Geizhals ist ebenso schwer zu ertragen wie derjenige, der sein Geld zum Fenster hinauswirft.

Geld verändert den Charakter

Viele alte Menschen sind in Bezug auf ihre finanzielle Situation sehr verschwiegen. Nur wenige erwachsene Kinder wissen, was monatlich an Rente fließt oder was als Spareinlagen auf den Konten schlummert. Aber das ist in Ordnung, allerdings verändert sich im Alter die Beziehung zum Geld, und das kann durchaus Anlass zur Besorgnis sein.

In fast allen Fällen steckt Angst dahinter – und zwar beim Geizhals ebenso wie beim Verschwender. Der eine hat Angst vor der Zukunft und der andere hat Angst, etwas zu verpassen. Deshalb sitzen die Senioren entweder wie Dagobert Duck persönlich auf ihren Spargroschen oder leben im Hier und Jetzt, als ob es kein Morgen gäbe.

Mein Geld, mein Haus, mein Auto ...

Wer heute alt ist, hat noch Krieg und Entbehrungen am eigenen Leib erlebt. Damals galt die Devise, bloß nicht zu viel auszugeben, damit man für schwierige Zeiten eine eiserne Reserve hat. Auch der Gedanke, den eigenen Kindern etwas hinterlassen zu wollen, ist in dieser Generation noch weit verbreitet.

Doch ebenso ist ein anderer Hintergrund für den zunehmenden Geiz im Alter denkbar. Angesichts der vielen Verluste, die man mit dem Alter zwangsläufig hinnehmen muss, hütet man sorgsam alles, was einem bleibt – also Besitz und Geld. Wenigstens darüber möchte man noch frei nach eigenem Gutdünken verfügen. Getreu dem Motto: »Viel habe ich nicht mehr zu entscheiden, aber über mein Geld verfüge ich immer noch allein.«

Geld zu besitzen weist aber auch noch auf eine andere Gefühlslage hin: »Was bin ich wert?« und »Welchen Wert habe ich noch für andere?« Weil sie sich diesbezüglich nicht sicher sind, finden sie sich unversehens in der Situation wieder, dass sie für Zuwendung lieber bezahlen, als zu warten, bis sie von alleine kommt. Deshalb werden Enkel für Zuneigung in Euro entlohnt, anstatt auf deren Aufmerksamkeit ohne Entlohnung zu hoffen.

Dass man aber Liebe und Sympathie nicht kaufen kann, scheinen viele Senioren zu vergessen. So mancher geschäftstüchtige Enkel spielt das Spiel gerne mit und lässt sich verwöhnen.

Geld als Zeichen von Dankbarkeit

Eigentlich ist es nicht unsere Sache, die Ausgaben der Eltern zu hinterfragen. Doch manchmal wird man hellhörig, wenn man so manche unnütze Ausgabe näher betrachtet. Wenn die eigenen Kräfte nachlassen und man auf die Hilfe von anderen angewiesen ist, dann empfinden Senioren oft für kleine Handreichungen von Fremden übergroße Dankbarkeit. Weil die Nachbarin beispielsweise jeden Tag die Zeitung mitbringt, bekommen deren Kinder allerlei Süßigkeiten zugesteckt. Ebenso wechseln Sektflaschen und Blumengebinde den Besitzer, weil – wenn die eigenen Kinder sich nicht kümmern – man ja andere Menschen für kleine Hilfestellungen belohnen muss.

Das mag zwar ärgerlich sein, doch man muss sich da heraushalten. Denn: Wer im Vollbesitz seiner geistigen Kräfte ist, der kann mit seinem Geld tun und lassen, was er möchte. Fatal wird es natürlich, wenn der Großzügigkeit auf der einen Seite unbezahlte Rechnungen auf der anderen Seite gegenüberstehen.

Wichtig: Den Schein wahren

Manchmal ist es aber auch anders: Nicht alle Rentner verfügen über ausreichende Mittel, um sich ihren gewohnten Lebensstil auf Dauer zu erhalten. Insbesondere Witwen, die selbst nie oder nur kurzzeitig berufstätig waren, müssen im Alter lernen, mit wenig Geld auszukommen. Das ist für sie scheinbar kein Problem, weil Verzicht in ihrer Generation zum Alltag gehörte. Doch mit Verzicht allein lässt sich die Rente oft doch nicht bis zum nächsten Ersten strecken.

Zwischen Daumen und Zeigefinger

Je nachdem, ob man genug oder zu wenig Geld hat, kann man mehr oder weniger beruhigt in die Zukunft sehen. In der Regel sehen Rentner ihre Zukunft eher düster. Immer weniger Rente wird überwiesen, immer neue Steuern werden eingeführt – kein Wunder, dass man es da mit der Angst bekommt.

Diese Sorge um die Zukunft fördert dann – je nach Persönlichkeit – ganz eigene Charakterzüge zu Tage, die erwachsenen Kindern unter Umständen fremd sind.

Das Thema direkt anzusprechen ist immer riskant, besser ist es, den Umweg über bestimmte Gepflogenheiten zu wählen, die man selbst für problematisch ansieht, beispielsweise, dass sie die Enkel über alle Maßen verwöhnen.

Nur wer den Eindruck hat, dass die Eltern mit finanziellen Dingen nicht mehr zurechtkommen, sollte das direkte Gespräch suchen. Manchmal sind die alten Menschen erleichtert, dass man ihnen beratend zur Seite steht.

Eines ist jedoch immer klar: Wer mit seinen Eltern übers Geld redet, der kann sich auch Schelte einfangen. Dann nämlich, wenn diese ihr Vermögen als letzte Bastion der Selbstständigkeit ansehen und ihren »Wert« darüber definieren. Tatsache ist aber auch, dass irgendwann der Zeitpunkt gekommen ist, an dem man Verantwortung übernehmen muss. Ein undankbarer Job ist das allemal, denn wer das Vertrauen in dieser Hinsicht gewinnt, dem werden gern unlautere Motive unterstellt.

❷ Hamstertrieb

»Wollen wir nicht mal gemeinsam deine Wohnung aufräumen?«

Schon lange hatte der Sohn den Vater nicht mehr in seiner Wohnung besucht, doch diesmal war die Veränderung augenscheinlich. Auf dem Küchentisch stapelte sich die ungeöffnete Post, im Waschbecken das schmutzige Geschirr. »Willst du nicht mal wieder aufräumen?«, fragte der Sohn – und hätte sich gleich darauf dafür ohrfeigen können. »Jetzt rede ich schon so, wie mein Vater früher, als er sich über mein chaotisches Zimmer beschwerte«, denkt er. Doch als er im Kühlschrank abgelaufene Milch und Pizza von vorgestern entdeckt, weiß er, dass es Zeit zum Handeln ist.

Wenn alte Menschen mit dem Haushalt nicht mehr allein klarkommen, so ist das an sich kein Drama. Zumindest nicht, solange sie sich wohlfühlen und keine Gesundheitsgefährdung droht. Aber manchmal nimmt das Chaos überhand, und es zu beseitigen übersteigt die Kräfte des Senioren. Zudem verlieren manche schlicht den Überblick, können nicht mehr entscheiden, was wichtig ist und was es wegzuwerfen gilt. Wieder andere entwickeln mit zunehmendem Alter regelrecht einen Hamstertrieb und horten alles, was man irgendwann einmal noch gebrauchen könnte. Licht ins Dunkel zu bringen ist da oft gar nicht so leicht.

Wer Ordnung liebt ...

... ist nur zu faul zum Suchen? Das stimmt nicht ganz, denn Ordnung ist auch in vielerlei Hinsicht ein Spiegelbild der Seele. Menschen, die sich nur im Chaos wohlfühlen, sind auch in der Seele oft zerrissen. Nun mutieren nicht alle Senioren automatisch zum »Messie«, nur weil sie älter werden. Viele alte Menschen sind schlicht überfordert, alle Dinge, die ein geordnetes Leben ausmachen, gleichermaßen im Griff zu behalten. Doch selten ist das Chaos so komplett, dass nur eine großräumige Aufräumaktion weiterhelfen kann. Und es gilt, Prioritäten zu setzen und sich nur auf Dinge zu konzentrieren, die wirklich wichtig sind.

Das Horten von Medikamenten

Viele alte Menschen haben Angst zu erkranken und dann ohne hilfreiche Medikamente dazustehen. Aus dieser Sorge heraus horten sie Arzneimittel für den Fall der Fälle.

Das Alter produziert eine Menge kleiner Alltagsbeschwerden, die der alte Mensch am liebsten selbst kuriert – auf Basis lebenslanger Erfahrung: Hier hilft die Salbe gegen Rückenschmerzen, gegen Erkältungen nur bestimmte Tropfen und ausschließlich der Bronchialtee aus dem Reformhaus. Hinzu kommen zumeist viele verschreibungspflichtige Medikamente, die gegen alle möglichen chronischen Erkrankungen regelmäßig verordnet werden. Wer alte Menschen vor seinen zahllosen Pflichtmedikamenten sitzen sieht, dem wird schon vom Zuschauen schlecht. Doch die regelmäßige Einnahme von Medikamenten ist wichtig – und erfordert ein hohes Maß an Konzentration und Ordnung.

Zur Pflicht kommt die Kür – das heißt, Medikamente gegen kleinere gesundheitliche Einschränkungen, die nicht regelmäßig genommen werden. Das alles alleine zu managen ist nicht leicht. Da wundert es kaum, dass mancher Medizinschrank schon bald aus allen Nähten platzt. Und dass man dabei zu allem Überfluss die unterschiedlichen Haltbarkeitsdaten beachten muss, damit sind manche Senioren schlicht überfordert.

Wenn also alte Menschen zum Hamstern von Medikamenten neigen, dann sollte man diese regelmäßig auf das Verfallsdatum hin checken. Auch ist es nützlich, auf den Packungen große Aufkleber anzubringen, auf denen man in großer Schrift das Anwendungsgebiet und die Einnahmeregel notiert.

Das Anlegen von Lebensmittelvorräten

Heute muss niemand hierzulande Angst haben zu verhungern. Und doch steckt diese Sorge noch tief in der Rentnergeneration fest. Wer schlechte Zeiten mit Hunger und Not durchgemacht hat, der fühlt sich nur wohl, wenn er einen Vorrat an Lebensmitteln gehortet hat. Zudem ist es häufig so, dass Rentner mit jedem Cent rechnen müssen und deshalb bei Sonderangeboten zu Großeinkäufen neigen. Bei solchen Schnäppchen achtet dann selten jemand auf die Verfallsdaten. Es fällt den alten Menschen auch heute unendlich schwer, Nahrungsmittel wegzuwerfen – und sie tun es auch dann nicht, wenn das Verfallsdatum um Wochen und Monate überschritten ist.

Das Aufbewahren von Schriftstücken

Man kennt das Problem aus der eigenen Erfahrung: Jeden Tag ist der Postkasten randvoll mit Briefen, die überwiegend einen seriösen, also wichtigen Eindruck machen. Was nicht auf den ersten Blick als Werbung zu identifizieren ist, wird von alten Menschen ernst genommen und somit aufgehoben. Wichtiges von Unwichtigem zu unterscheiden wird immer schwerer, und so wachsen die Papierberge. Der Überblick ist längst abhandengekommen, und deshalb macht es durchaus Sinn, in diesem Bereich einzugreifen. Legen Sie gemeinsam mit den Eltern Ordner für alle wichtigen Dokumente an, und erklären sie, was darin abgeheftet werden muss. Um regelmäßige Checks kommen Sie dennoch nicht herum, denn die Papierflut lässt sich kaum eindämmen.

Erinnerungsstücke

An jedem Stück in der Wohnung alter Menschen haftet auch ein Stück Erinnerung. Wenn das Gedächtnis immer schlechter wird, dann braucht es solche kleinen Anregungen, um erinnert zu werden. Fotos erinnern an schöne Momente, Postkarten an entspannte Ferien. In jedem Haushalt findet sich viel solchen an sich unnützen Zierrats, der ein Stück Erinnerung transportiert und deshalb so wertvoll ist. Nicht alles, was man so aufhebt, lässt sich unter dem Gesichtpunkt »nützlich« oder »schön« betrachten. Oft sind solche Stücke sogar nutzlos und hässlich, aber eben voll der Erinnerung.

Die Regression des Alters führt dazu, dass solche Dinge wieder einen hohen Stellenwert einnehmen und schon allein deshalb wichtig sind, weil man sie bereits so lange hat. Nun füllen solche Wegbegleiter schnell Regale und Schränke, und das ist gut so und bleibt so, bis der alte Mensch selbst daran etwas ändern möchte. Denn all das gehört zum festgefügten Rahmen, in dem sich alte Menschen wohlfühlen und der ihnen Sicherheit vermittelt.

Reden und handeln

Wenn Sie sich über den Hamstertrieb aufregen, dann ist Ihnen nur zu raten: Fassen Sie sich in Geduld. Blinder Aktionismus hilft niemandem, er führt nur dazu, dass sich die alten Menschen unter Umständen in ihren eigenen vier Wänden nicht mehr zurechtfinden.

Reden und handeln kann man in bestimmten Bereichen, die wirklich wichtig sind. Dazu gehören Medikamente, Lebensmittel und Dokumente – alles andere ist tabu und bleibt, wie es ist –, es sei denn, Ihre Eltern bitten Sie explizit um Unterstützung.

❸ Immer das Gleiche erzählen

»Was gibt es denn Neues, Mama?«

Wenn Oma am Wochenende zum Mittagessen kommt, erzählt sie immer das Gleiche. Vorspeise, Hauptgericht und Dessert werden stets von den Anekdoten aus ihrem Leben begleitet, die Familie kennt sie schon auswendig. Aber Opa ist da auch nicht besser, vor jedem Fußballspiel im Fernsehen erzählt er von seiner eigenen Karriere als Torwart und von damals, als Deutschland in Bern Fußballweltmeister wurde. Die Familie findet es zum Gähnen, hatte sein Leben denn nichts anderes zu bieten als eine Fußballweltmeisterschaft in Bern und die Skiausflüge im Erzgebirge. Ein siebzig Jahre langes Leben – und das ist alles, was davon übrig geblieben ist?

Wenn alte Menschen immer wieder die gleichen Geschichten erzählen, dann gehen sie damit der Familie ungeheuer auf die Nerven. Aber immer das Gleiche erzählen ist immer noch besser, als nichts mehr zu sagen zu haben. Oder steckt vielleicht doch noch etwas mehr dahinter?

Früher war alles besser

Das vermitteln zumindest viele Geschichten, die alte Menschen gerne erzählen. Immer wiederholen sie das Beste aus ihrem Leben, als ob es dadurch noch ein bisschen besser würde. Doch das Gegenteil ist der Fall. Man hört einfach nicht mehr hin.

Wenn im Alter die Begrenzungen und Einschränkungen das Leben dominieren, dann bleibt manchmal nichts anderes übrig, als sich auf bessere Zeiten zu besinnen. Viele alte Menschen flüchten sich in die Vergangenheit, weil da ihre Taten noch mutig, ihre Worte witzig, ihr Leben noch aufregend war. Im Umkehrschluss kann das bedeuten, dass sie ihr Leben heute nicht mehr der Rede wert finden. Oder anders ausgedrückt: Das, was ich heute darstelle, ist wertlos – im Sinne von mutig, witzig oder aufregend. Aber muss es das denn sein, um Zufriedenheit herzustellen?

Typisch für solche Veränderungen sind Sätze wie: »Nichts ist so, wie es mal war.« Was man damit aber eigentlich ausdrücken will ist: »Ich bin nicht mehr so, wie ich mal war.« Und das ist ein klarer Hinweis darauf, dass es an Selbstwertgefühl mangelt.

Doch die positive Nachricht daran ist, dass sich die alten Menschen nicht unterkriegen lassen. Indem sie immer wieder ihre Erfolge in Geschichten einbauen und wiederholen, versuchen sie sich auch selbst zu retten. Zwar mag es ein mitleidiges Lächeln hervorbringen, wenn Oma immer noch stolz darauf ist, damals alle Männerherzen gebrochen zu haben, weil sie eine so flotte Tänzerin war. Aber was kostet es, wenn man ihr hier und heute dafür ein bisschen Anerkennung zollt?

Auch das Herzeigen von alten Fotos hat diesen Bestätigungsaspekt: Schaut her, was ich für ein toller Hecht war! Guckt euch an, was ich alles geleistet habe!

Der positive Effekt solcher Selbstdarstellung im Alter ist es, der zählt: »Ich war, ich bin.«

Seht, was aus mir geworden ist

Es gibt aber auch alte Menschen, die das ständige Wiederholen alter Geschichten dazu benutzen, um das eigene Los zu beklagen. Wenn die Vergangenheit heraufbeschworen wird, um das heutige Elend zu untermauern, dann hat das Selbstwertgefühl schon empfindlich gelitten. Diese Menschen können nämlich aus ihrer Vergangenheit keine positive Weltsicht ableiten, sondern wiederholen sie lediglich, um klarzumachen, wie sehr sie mit dem Schicksal hadern. Manche kaprizieren sich derart auf das Negative, dass sie an die schönen Momente, die jedes Leben zu bieten hatte, gar keinen Gedanken verschwenden. Dann ist es für Angehörige sehr belastend, sich immer die gleichen Geschichten anhören zu müssen.

Oft versuchen alte Menschen am Ende ihres Lebens, Bilanz zu ziehen. Dann liegt im ständigen Wiederholen gewisser Geschichten vielleicht auch der Wunsch nach Wiedergutmachung. Es ist ein Versuch der Aussöhnung mit der Vergangenheit.

Manchmal ist es aber auch eine Botschaft, die sich hinter den Anekdoten verbirgt. Beispielsweise: »Du bist mir noch was schuldig. Es ist Zeit, das jetzt wiedergutzumachen.«

Erfahrungen weitergeben

Manche alte Menschen können nicht aus ihrer Haut, sie wollen das, was sie erfahren und gelernt haben, an andere weitergeben.

Und in der Tat haben sie eine reiche Auswahl an Weisheit und Wissen angesammelt, die es weiterzugeben gilt. Es stellt sich also die Frage, wie man an diesen verborgenen Schatz herankommt, ohne dass man sich ständig das Gleiche, Bekannte anhören muss.

Sich öffnen für Geschichten aus der Geschichte

Man kann natürlich höflich und taktvoll darauf hinweisen, dass man die Geschichte, die erzählt wird, schon kennt. Ein taktvolles Vorgehen ist wichtig, denn es kann ja sein, dass der alte Mensch gar nicht weiß, dass er die Geschichte schon so oft erzählt hat. Es würde ihm dann vor Augen führen, wie vergesslich er ist. Das macht wütend oder kann verletzend sein. Besser ist es immer, gleich eine Alternative parat zu haben und die Aufmerksamkeit auf ein anderes Thema zu lenken. Denn: Gespräche über die Vergangenheit können für die Beteiligten auch spannend sein, schließlich ist die Vergangenheit ihrer Eltern auch Teil ihrer eigenen Geschichte. Im Nachhinein kann man dann unter Umständen die Eltern besser verstehen und ihr Verhalten von damals in einem neuen Licht sehen.

Macht sich eine negative Sicht des Vergangenen breit, dann sollte man versuchen, die Umstände im Nachhinein aus einem anderen Blickwinkel heraus zu beleuchten. Das kann zu einer Aussöhnung mit der Vergangenheit führen, sodass alte Geschichten nicht immer wieder aufgewärmt werden müssen. Auch wenn vergangener Kummer ausgesprochen wird, braucht man einen aufmerksamen Zuhörer, damit ein Verarbeitungsprozess in Gang kommen kann.

Allerdings darf man die Augen auch nicht davor verschließen, dass manche Gedächtnisschwäche dazu führt, dass alte Menschen ständig das Gleiche erzählen. Dann ist vielleicht ein Arztbesuch notwendig.

❹ Egoismus

»Denkst du denn nur noch an dich?«

Zu Hause ist der Teufel los: Der Vater ist auf Geschäftsreise, der Sohn steht vor einer wichtigen Matheklausur, die Tochter hat Krach mit ihrem Freund. Mittendrin steht die Mutter wie ein Fels in der Brandung, den Haushalt im Sinn, den eigenen Beruf, die Korrektur der Mathehausaufgaben und die Gefühlsturbulenzen des Teenagers. Und dann klingelt das Telefon. »Oma ist am Apparat«, orakelt die Tochter mit einem Blick aufs Display. »Ich geh nicht ran.« Und weg ist sie. Die Mutter holt einmal tief Luft und hebt den Hörer ab. Ohne Gruß und einleitende Worte beginnt die Oma das Gespräch: »Hast du gerade angerufen? Ich war im Flur und konnte nicht ran. Ach, da fällt mir ein, ich brauche noch Haftcreme fürs Gebiss, kannst du mir die vorbeibringen? Und wenn du schon unterwegs bist, ein bisschen Obst wäre schön. Aber weich muss es sein, du weißt ja, die Zähne …« Ohne Punkt und Komma zählt die alte Dame ihre Bedürfnisse auf, registriert überhaupt nicht, dass keine Antwort kommt. »Denkst du denn nur an dich?«, platzt es aus der Tochter heraus. Oma legt beleidigt auf.

Ja, Oma denkt in der Tat nur an sich, sie hat nämlich keine Probleme, die sich mit denen der Tochter vergleichen lassen. Matheklausuren sind für sie nicht von Belang, über Liebeskummer ist sie hinweg, und der Haushalt geht sie nichts mehr an, weil sie im Altenheim lebt. Ihre Probleme sind vergleichsweise gering: Ein verpasster Anruf, das ist eine Katastrophe. Die verpasste Gelegenheit, mit einem Menschen zu sprechen, um ihren eintönigen Alltag interessanter zu gestalten. Und es könnte ja sein, dass jemand ihren Rat suchte oder an ihrem Befinden interessiert ist oder sich zumindest freiwillig ihre Klagen anhört. Da wird aus einer Mücke schnell ein Elefant und aus einer leeren Tube Haftcreme ein Drama.

Egoismus: Ich bin mir selbst der Nächste

Wenn im Alter die Welt immer kleiner wird, dann konzentriert man sich quasi automatisch auf das Nächstliegende – und das ist man selbst. Viele alte Menschen genießen die Ruhe des Alters keineswegs, sie fühlen sich ausgeschlossen vom richtigen Leben, leiden darunter, nicht mehr »gebraucht« zu werden. Und wenn sie sich keine Gedanken mehr um andere machen müssen, dann haben sie Zeit und Muße, sich voll und ganz mit sich selbst zu beschäftigen.

Zu den Tugenden des Alters zählt nach Franz Riemann eine »neue Liebesfähigkeit«, und er schreibt dazu: *»Ist auf der einen Seite die Gefahr groß, dass wir im Alter egoistischer werden, nur noch auf uns und unser Wohl bedacht, so besteht doch andererseits die Chance, dass wir uns selbst nicht mehr so wichtig zu nehmen brauchen, und damit ein Stück unseres Narzissmus aufgeben können.«* Das mag bei vielen alten Menschen so sein, doch viele alte Menschen denken nicht daran, in Riemanns Sinne etwas aufzugeben.

Egoismus ist ein Charakterzug, der sich in der Tat im Alter verstärken kann und der Angehörigen äußerst unangenehm auffällt.

Der Egoismus im Alter kann viele unterschiedliche Gesichter haben. Er zeigt sich in Verbitterung ebenso wie in überhöhtem Anspruchsdenken. Gerne wird dann den erwachsenen Kindern Undankbarkeit vorgeworfen und Ignoranz gegenüber den Bedürfnissen des Alters. Die prompte Erfüllung aller Wünsche ist aber gar nicht möglich, und deshalb fühlt man sich oft als Spielball der Launen.

Wer viel Zeit hat, macht anderen Stress

Jetzt und gleich, hier und heute – das sind Anforderungen aus dem realen Leben. Alles muss schnell und am besten gleichzeitig erledigt werden. Im täglichen Leben gibt es genügend solcher Anforderungen, die aus verschiedenen Gründen Priorität besitzen. Im Leben alter Menschen gibt es solches Kompetenzgerangel nicht. Sie haben Zeit, zu planen und Gedanken zu entwickeln. Doch viel Zeit zu haben kann auch Stress bedeuten, dann nämlich, wenn es keine realen Anforderungen mehr gibt und man sich selbst welche schaffen muss. Deshalb passiert es häufig, dass alte Menschen ihren Plänen und Vorstellungen oberste Priorität einräumen und gar nicht auf die Idee kommen, dass es anderen Menschen anders geht. Alles, was sie wollen, muss sofort in die Tat umgesetzt werden.

Auch Starrsinn kann als eine Form des Egoismus erscheinen, weil an Vorhaben und Wünschen rigide festgehalten wird, selbst wenn alle vernünftigen Argumente dagegen sprechen. Manche alte Menschen versuchen, ihren Willen durchzusetzen, einfach nur, um von der Tatsache abzulenken, dass sie von anderen abhängig sind.

Der Egoismus im Alter hat Appellcharakter: »Es gibt mich noch, also nehmt mich gefälligst zur Kenntnis, und sei es nur, dass ihr euch über mich aufregt.«

Man sagt es ja nicht gern, aber manche alte Menschen können sich im Alter tatsächlich zu Tyrannen entwickeln. Nun ist es sicher nicht die Regel, doch dass Eltern zunehmend aggressiv auf ihre Umwelt reagieren, kann sich zu einem echten Problem auswachsen. Man kann ihre Wünsche noch so gewissenhaft erfüllen, alle Anforderungen prompt erledigen, man kann es ihnen einfach nicht recht machen. Nun ist Aggression kein Charakterzug, der sich im Alter verstärken muss; vielleicht waren die Eltern nie mit dem zufrieden, was man ihnen zu bieten hatte. Sich zu widersetzen, durch Widerstand oder Passivität, kann eine Trotzreaktion auf das Alter sein.

Lassen Sie sich nicht alles gefallen!

Jeder Mensch kennt das: Da wird man vom Chef runtergeputzt, traut sich aber nicht, Widerworte zu geben. Die Wut kommt zeitverzögert, beispielsweise lässt man seine schlechte Laune, die daraus resultiert, am Abend gegenüber den Kindern aus. Die Ursache für die aufgestaute Aggression – nämlich der Chef – bleibt außen vor, ausbaden muss es der Nächstbeste, der einem in die Quere kommt.

Alte Menschen haben oft keinen »Nächstbesten«, an dem sie ihre Emotionen ausleben können, und eigentlich haben sie auch keinen realen Grund für das Unbehagen. Sie fühlen sich einfach schlecht, weil sie nicht alt und nutzlos sein wollen, weil sie weniger Aufmerksamkeit erhalten, als sie brauchen. Deshalb müssen die Angehörigen herhalten, um dieses Manko auszugleichen.

Zielscheibe sind fast immer die eigenen Kinder, weil sich ja das Altern selbst nicht beschimpfen lässt. Natürlich neigt man dazu, aggressive Äußerungen auf sich zu beziehen, und fühlt sich persönlich angegriffen. Der Austausch von Gehässigkeiten nimmt seinen Lauf. Dabei ist Aggression nicht unbedingt ein Ausdruck von Hass, sondern vielmehr ein Hilferuf, der übersetzt etwa so lauten könnte: »Mir geht es nicht gut, und ich will, dass das jemand zur Kenntnis nimmt!« Manchmal hilft es, sich bewusst Zeit zu nehmen und die harschen Bemerkungen zu hinterfragen.

Im Gegenzug bedeutet das aber nicht, dass man sich alles gefallen lassen muss. Das würde nämlich bedeuten, dass man das Verhalten des alten Menschen nicht mehr ernst nimmt.

Der richtige Abstand

Die zentrale Frage lautet: Was kann ich tun, um zukünftig nicht mehr so betroffen zu sein, wenn ich mit Vorwürfen überhäuft werden? Die Antwort ist simpel: sich zurücknehmen!

Verabschieden Sie sich von dem Wunsch, Ihre Eltern ändern zu können, sie quasi umzuerziehen. Das Einzige, was bleibt, ist zu versuchen, die Beziehung zu den Eltern dadurch zu entlasten, dass man für sich selbst festlegt, was man aushalten will.

Aber wie stellt man den richtigen Abstand her? Zunächst muss man sich die Schwächen des egoistischen Elternteils bewusst machen. Wenn man darum weiß, fällt es leichter, sich selbst zu schützen und den verletzenden Worten zu entgehen. Wichtig ist es, aktiv zu werden und nicht passiv jegliches Verhalten über sich ergehen zu lassen. Auch Ausreden wie »Ich bin doch alt!« darf man nicht durchgehen lassen, wenn das im Umkehrschluss bedeutet, dass man sich beleidigen lassen und Schimpftiraden erdulden muss, nur damit es den Alten besser geht.

Einen Egoisten schlägt man am besten mit den eigenen Waffen, indem man sein Ego in den Mittelpunkt stellt und strittige Themen generell vermeidet. Verkürzen Sie Besuche auf ein Maß, wie es für Sie erträglich ist. Inwieweit man Zugeständnisse machen will, damit die Beziehung zueinander weiterhin gut läuft, muss man von Fall zu Fall und für sich entscheiden.

❺ Mangel an Aufmerksamkeit

»Welches Problem haben wir denn heute?«

Täglich zum Feierabend um 18 Uhr, exakt zu diesem Zeitpunkt klingelt das Telefon – Oma ist dran. Schon lange hat es der Sohn aufgegeben, sich nach dem Befinden seiner Mutter zu erkundigen. Das erfährt er sowieso in schonungsloser Offenheit; Telefonate mit ihr sind immer mit Klagen gespickt. Mal hat sie Kopfschmerzen, mal tun die Beine weh, dann quält sie die Verdauung.

Neben diversen Unpässlichkeiten sind Arztbesuche das Topthema: Der hat gesagt, der andere gemeint – zum Glück ist noch nie etwas Ernstes herausgekommen. »Sei doch froh«, sagt der Sohn dann. Diese aufmunternden Worte will Oma aber nicht hören, sie will klagen, ohne zu leiden.

Lerne klagen, ohne zu leiden

Manche Eltern haben diesen Sinnspruch verinnerlicht. Schuldgefühle und Aufmerksamkeit lassen sich am besten durch wiederholtes Klagen erzeugen – denken sie. Es gibt alte Menschen, die diese feine Folter aufs Kunstvollste kultiviert haben. Das funktioniert natürlich nur dann, wenn die Kinder auf Knopfdruck reagieren.

Das Klagen und Jammern kann viele unterschiedliche Gründe haben. Die Welt wird für alte Menschen immer kleiner, der Rahmen, in dem man sich bewegt, ist enger gesteckt. Wenn sich der Blickwinkel verändert, dann verändert sich auch die Wahrnehmung. Wer nur wenig Neues zu berichten hat, muss das Wenige zumindest ins rechte Licht rücken.

Hinter den ständigen somatischen Klagen steckt in vielen Fällen Angst; der Körper bringt zum Ausdruck, was man so schwer in Worte fassen kann. Man zeigt den anderen, dass sie allen Grund zur Sorge haben. Der Hintergedanke ist, dass man öfter angerufen wird oder mehr Besuch bekommt. Solche Klagen können auch als Hilferuf verstanden werden: »Ich weiß nicht, was ich euch noch bedeute. Wenn es mir schlecht geht, dann kümmert ihr euch wenigstens um mich.«

Die so genannten Altersleiden

Im Alter haben viele Krankheiten ein anderes Gesicht als früher. Sie haben keinen klar definierten Anfang, keinen deutlichen Verlauf, und meist nehmen sie kein wirkliches Ende. Viele Erkrankungen, die im Alter entstehen, werden chronisch, und je nach Wahrnehmung treten unterschiedliche Beschwerden an gewissen Tagen intensiver auf als an anderen.

Unabhängig vom psychischen Hintergrund ist es eine Tatsache, dass alte Menschen sich selten ganz wohlfühlen, sondern höchstens relativ »gesund«. Die Mediziner nennen das »Multimorbidität« und meinen damit, dass im Alter eine Erkrankung oft eine Reihe anderer Beschwerden nach sich zieht. Der Grund dafür liegt in der Regression des Organismus. Abnutzungserscheinungen und Funktionsschwächen der Organe treten häufiger auf – und damit steigt die Wahrscheinlichkeit zu erkranken.

Das ist die eine Seite, die andere ist der psychologische Moment. Aus der Intensivierung der Körperwahrnehmung folgt ein ausgeprägtes Interesse an den eigenen Körperfunktionen. Dabei hat die Ernährung oberste Priorität. Da das Geschmacksempfinden im Alter nachlässt, braucht es stärkere Reize, um überhaupt Nahrung zu genießen. Die Mahlzeiten sind für alte Menschen von zentraler Bedeutung, die Nahrungsaufnahme wird zur Ersatzbefriedigung für die zunehmende innere Kälte.

Entsprechend spielt auch die Verdauung eine zentrale Rolle beim Wohlbefinden. In diesem Punkt verlieren viele Senioren jegliche Hemmungen und berichten ausführlich über funktionierende oder nicht funktionierende Verdauungsvorgänge. Solche Gesprächsthemen können durchaus zur Belastung werden.

Vorsicht Wiederholung!

Klagt jemand ständig über irgendwelche Beschwerden, dann hat das einen gewissen Abnutzungseffekt. Man hört nicht mehr genau hin und nimmt das Gesagte zu wenig ernst. Diese Entwicklung ist jedoch fatal.

Durch die Wiederholung bestätigt der alte Mensch ständig selbst seine negative Weltsicht, und schließlich hört man häufig Aussprüche wie: »Ich hatte kein schönes Leben.« Daraus kann das Gefühl erwachsen, die Welt stehe in seiner Schuld und die Kinder müssten diese Schuld irgendwie tilgen.

Auch das sind Hinweise auf Aufmerksamkeitsdefizite oder beginnende Depression, die aber nicht zu Lasten der Kinder gehen müssen. Manchmal hilft es, die Eltern direkt darauf anzusprechen und sich von damals erzählen zu lassen. Oft erscheinen dann die Alten und ihre Klagen in einem veränderten Licht.

Kompensation von Minderwertigkeit

Viele ältere Menschen leiden an einem Mangel an Zuwendung und Aufmerksamkeit und fühlen sich deshalb minderwertig. Eine Art der Kompensation ist das Klagen. Was von der Umwelt als Problemchen abgetan wird, erfüllt für die älteren Menschen manchmal eine ganz wichtige Funktion. Wer seine Problemchen zur rechten Zeit ins rechte Licht rückt, der erhält Aufmerksamkeit und steht, wenn auch nur kurzfristig, im Mittelpunkt des Interesses. Und das ist das Ziel: Zuwendung und Anteilnahme.

Natürlich versuchen sich ältere Menschen diese Zuwendung, im Sinne positiver Bestätigung, auch anderswo zu holen – bei den ebenfalls alten Freunden und Bekannten. Deshalb neigen die Senioren auch dazu, jede Kleinigkeit aus dem Alltagsleben ihrer Familien aufzusaugen und bei passender Gelegenheit weiterzutragen. Der Erfolg der Kinder und Enkel wird zum persönlichen Triumph. Die Nachkommen werden zum wichtigen Identifikationsobjekt für das eigene Selbstwertgefühl. Als Maß der Zuneigung wiederum gilt die Häufigkeit der Besuche von Angehörigen. Die Zahl der Kontakte wird zum Gradmesser der Liebe.

Klageweiber sind unerträglich

Was tun, wenn man es nicht mehr aushält? Absolut falsch wäre es, Vergleiche heranzuziehen, etwa: »Sei doch froh, dass es nur die Kopfschmerzen sind, die dich plagen. Deine Nachbarin hat Krebs, dass ist doch viel schlimmer.« Dadurch rückt die Nachbarin in den Fokus, was den alten Menschen beleidigen kann.

Besser ist es, einerseits Verständnis zu zeigen, aber andererseits auch die eigenen Gefühle dabei zu reflektieren. »Ich verstehe, dass du Schmerzen hast, aber ich kann dir nicht helfen, und deshalb fühle ich mich hilflos. Es ist auch sehr anstrengend, wenn du ständig jammerst.

Indem man neue Gesprächsansätze wagt, kann man eingefahrene Verhaltensmuster durchbrechen. Dabei gibt es unterschiedliche Möglichkeiten, beispielsweise, dass man nicht immer springt, wenn die Klagen einsetzen. Es ist wichtig, sich emotional so weit zu distanzieren, bis man offen und ehrlich sagen kann: »Ich bin gern ab und zu mit dir zusammen, aber das ständige Meckern und Jammern ertrage ich nicht.« Das läuft dann oft zunächst einmal auf eine Auseinandersetzung hinaus, die man aber aushalten muss.

Kapitel 5

Fünf Fragen rund um Krankheit und Pflege

Im Alter nehmen die Fähigkeiten ab und die Krankheiten zu und in der Folge brauchen alte Menschen oft Pflege. Aber: Wie viel Pflege braucht ein Mensch? Und wie viel praktische Unterstützung? Diese Fragen sollte man sich ganz emotionslos stellen und die Bedürfnisse auflisten – und zwar *bevor* man mit den alten Eltern diese Fragen erörtert. Dabei gilt es zu unterscheiden, was existentiell und was emotional notwendig ist, welchen Aufwand die Erfüllung der Bedürfnisse darstellt und welche praktischen Hilfsangebote verfügbar sind.

Den Grad der Pflegebedürftigkeit festzulegen, haben heute die Behörden übernommen. Aber auch die Angehörigen müssen sich davon ein Bild machen, um weiterführende Entscheidungen treffen zu können.

Alte Menschen gehen ganz unterschiedlich mit der drohenden Pflegebedürftigkeit um: Die einen verschleiern die Defizite so gut und so lange es nur geht; die anderen machen sich schon frühzeitig und sehr präzise Gedanken um die Zukunft. Jedenfalls muss man sich als erwachsenes Kind damit auseinandersetzen, auch wenn die Eltern nicht wollen, dass man ihr Dilemma bemerkt. Manche älteren Menschen können das als Einmischung oder Bloßstellung empfinden und dann gekränkt reagieren. Doch letztlich geht es in diesem Kapitel nicht vorrangig um die Empfindlichkeiten der alten Menschen, sondern darum, wie die Zukunft sich gut gestalten lässt, und was alle dazu beitragen können und müssen, um eine zufrieden stellende Lösung zu finden.

❶ Pflege des kranken Partners

»Wie schaffst du das bloß allein?«

Es sind Momente wie diese, die das Leben schlagartig verändern: Der alte Vater stürzt von der Leiter, scheinbar grundlos.

Im Krankhaus wird ein Schlaganfall diagnostiziert. Er ist halbseitig gelähmt und kann nicht mehr sprechen. Nach Wochen in der Klinik kommt er in die Reha. Dort lernt er wieder zu sprechen, doch die Lähmung lässt sich nicht ganz beheben. Es ist klar: Jetzt ist er ein Pflegefall. Wie soll es weitergehen?

Seine Frau, resolut wie immer, nimmt die Sache in die Hand. Sie telefoniert mit der Krankenkasse, meldet sich zum Pflegekurs an und beantragt die Pflegestufe. Das macht sie alles nicht ganz allein, die Kinder unterstützen sie, zumindest in bürokratischen Dingen – fürs Praktische sind sie zu weit weg. Trotzdem haben die Kinder Zweifel, ob die Mutter – sie ist selbst schon dreiundsiebzig – der Belastung durch die Pflege gewachsen sein wird. Doch für Zweifel war die Mutter nie gemacht, Zupacken ist ihre Art der Problemlösung.

Sie fährt in die Reha und schaut dem Pflegepersonal über die Schulter. Jetzt weiß sie, was auf sie zukommt. Und sie weiß, dass sie in der Klemme steckt. Ihren Mann in ein Heim zu geben ist außerhalb jeglicher Diskussion. Aber ob sie es alleine schafft, dass weiß sie eben auch nicht.

... bis dass der Tod euch scheidet

Wird ein Partner zum Pflegefall, so übernimmt in den meisten Fällen der gesündere Partner die häusliche Pflege. Oft ist das die Frau. Die erwachsenen Kinder beobachten das mit zwiespältigen Gefühlen: Einerseits sind sie froh, dass sich die Pflegesituation so »natürlich« regeln lässt; andererseits haben sie Angst, dass der pflegende Elternteil sich mit dieser Aufgabe übernimmt. Man würde gerne helfen, weiß bloß nicht, wie. Wenigstens kann man den bürokratischen Ballast der Pflege von den Schultern des Pflegenden nehmen. Aber was kann man sonst tun?

Wo ist der Pflegebedürftige am besten aufgehoben?

Zu Hause, in den eigenen vier Wänden alt und notfalls auch gepflegt zu werden wünschen sich die meisten Menschen. Ein Argument für den Verbleib in den eigenen vier Wänden ist die gewohnte Umgebung und das soziale Netz, das man sich dort vor Ort über die Jahre aufgebaut hat. Gute Freunde und hilfsbereite Nachbarn sind im Alter (fast) ebenso wichtig wie die eigene Familie, ja manchmal ist dieses soziale Netz tragfähiger als Familienbande.

Hauptsache, man fühlt sich wohl, da wo man ist. Ein weiterer Grund, der oft für den Verbleib in der alten Wohnung oder im eigenen Haus spricht, ist das Besitzrecht. Wenn einem die Wohnung oder das Haus gehört, warum sollte man es aufgeben?

Dazu muss man sich die Wohnverhältnisse zunächst einmal genau anschauen. An welchen Stellen müsste ein altengerechter Umbau stattfinden? Da der Gesetzgeber den Verbleib in der eigenen Wohnung fördert, werden Umbaumaßnahmen finanziell unterstützt. Die Pflegekasse zahlt dazu, wenn der Umbau die häusliche Pflege ermöglicht oder erleichtert oder eine selbstständige Lebensführung wiederherstellt. Voraussetzung für die Bewilligung solcher Zuschüsse ist, dass bereits eine Pflegebedürftigkeit (Pflegestufe) anerkannt wurde. Das wiederum legt die Entscheidung für den Umbau in die (Mit)-Verantwortung der Angehörigen.

Möchten die Eltern in einer Mietwohnung bleiben, so müssen mögliche Umbaupläne vom Besitzer zudem genehmigt werden.

Wie ist die Pflegebedürftigkeit geregelt?

Pflegebedürftigkeit ist im Sozialgesetzbuch gesetzlich geregelt.

Je nach Umfang der Pflegebedürftigkeit unterscheidet das Gesetz drei Pflegestufen (SGB XI § 15)

Pflegestufe 1: erheblich Pflegebedürftige. Darunter versteht man pflegebedürftige Personen, die mindestens bei zwei »Verrichtungen der Grundpflege« Hilfe brauchen und zudem mehr-

Pflegebedürftig sind Personen,
»... die wegen einer körperlichen, geistigen oder seelischen Krankheit oder Behinderung für die gewöhnlichen und regelmäßig wiederkehrenden Verrichtungen im Ablauf des täglichen Lebens auf Dauer, voraussichtlich für mindestens sechs Monate, in erheblichem oder höherem Maße (...) der Hilfe bedürfen. (§ 14 Abs. 1 SGB XI)

mals wöchentlich Unterstützung bei der »hauswirtschaftlichen Versorgung benötigen«.

Pflegestufe 2: Schwerpflegebedürftige. Als solche gelten nach gesetzlicher Vorgabe die Menschen, die mindestens dreimal täglich Hilfe bei der Grundpflege brauchen und mehrmals in der Woche Unterstützung bei der hauswirtschaftlichen Versorgung.

Pflegestufe 3: Schwerstpflegebedürftige. Dies ist – laut Gesetz – der Mensch, der rund um die Uhr, also auch nachts, Hilfe bei der Grundpflege braucht und mehrmals wöchentlich die Unterstützung bei der Verrichtung des Haushaltes.

Die Einstufung nimmt die Pflegekasse mit Unterstützung des Medizinischen Dienstes vor.

Welche Leistungen deckt die Pflegeversicherung ab?

Bei allen Fördermaßnahmen gilt der Grundsatz »ambulant vor stationär«. Deshalb sind die Leistungen, mit denen private Pflege unterstützt wird, in unterschiedlichen Formen abruf- und kombinierbar. Man unterscheidet zwischen *Pflegesachleistung*, *Pflegegeld* und *kombinierten Leistungen*.

Die *Pflegesachleistungen* werden gezahlt, wenn die häusliche Pflege einem anerkannten Pflegedienst übertragen wird.

Finanziell gestaltet sich das derzeit so:

In der Pflegestufe 1 gibt es bis zu 384 Euro monatlich.

In der Pflegestufe 2 gibt es bis zu 921 Euro monatlich.

In der Pflegestufe 3 gibt es bis zu 1432 Euro monatlich.

Zudem gibt es eine Härtefallregelung für die höchste Pflegestufe (bis zu 1918 Euro). Anerkannte Pflegedienste rechnen direkt mit der Pflegekasse ab, die Differenz zwischen Pflegesachleistung und tatsächlichen Kosten muss der Pflegebedürftige zahlen. Das ist der Eigenanteil.

Im Gegensatz dazu wird für *selbst organisierte Pflegehilfen* gezahlt, das könnte beispielsweise der Partner, die Tochter oder Schwiegertochter sein. Das Pflegegeld beträgt dann:

in der Pflegestufe 1: 205 Euro pro Monat.

in der Pflegestufe 2: 410 Euro pro Monat.

in der Pflegestufe 3: 665 Euro pro Monat.

Voraussetzung dafür ist, dass die pflegende Person nicht erwerbstätig ist und den Pflegebedürftigen in häuslicher Umgebung versorgt. Regelmäßig wird diese häusliche Pflege überprüft, und der Pfleger erhält Beratung durch einen Pflegedienst.

Ebenso ist es möglich *Kombinationsleistungen* zu beantragen. Das ist sinnvoll, wenn man die Pflege mit Hilfe eines Pflegedienstes bewältigt, aber eben auch Eigenleistungen erbringt. Die Pflegekasse legt dann die prozentuale Verteilung der Pflege fest. Der Pflegedienst erhält beispielsweise 80 Prozent der Mittel und der Angehörige 20 Prozent des Betrags, der bei alleiniger Versorgung auszuzahlen wäre.

Hilfe, die ins Haus kommt: Der Pflegedienst

Wer seinen kranken Partner zu Hause pflegt, der ist zumeist auch auf die Unterstützung eines Pflegedienstes angewiesen. Je nach Pflegestufe kommen die Helfer einmal oder mehrmals täglich ins Haus und erledigen im Wesentlichen die Grundpflege sowie medizinische Handreichungen. Als unerfahrener Pfleger sollte man solche Unterstützung annehmen, denn die Profis kennen so manchen Trick, der das Leben erleichtert und die körperliche Anstrengung mindern kann. Auch ist es gut, wenn man nicht allein verantwortlich ist, sondern auch mal lockerlassen kann.

Gesundheitliche und psychische Belastung durch Pflege

Wer pflegt, der braucht seine ganze körperliche und psychische Kraft, um diese anspruchsvolle Aufgabe zu meistern. Je nach Mobilität des Pflegebedürftigen ist auch körperlicher Einsatz erforderlich, um allen Bedürfnissen gerecht zu werden. Wenn man selbst schon älter ist und unter den nachlassenden Kräften leidet, erreicht man schnell die Grenzen der Belastbarkeit. Oft ist es zuerst der Bewegungsapparat, der Probleme verursacht. Das schwere Heben, das stete Stützen, die ungewohnte Belastung der Gelenke führen zu Wirbelsäulenproblemen und Haltungsschäden.

Der anhaltende Stress fördert hohen Blutdruck und Verdauungsprobleme.

Die körperliche Erschöpfung hat viele Gesichter; zuerst zeigt es sich an den individuellen Schwachpunkten, dass eine Überforderung vorliegt. Viele pflegende Partner vernachlässigen die eigene Befindlichkeit dermaßen, dass sie schnell an den Rand der Erschöpfung geraten. Deshalb sollten erwachsene Kinder frühzeitig für Entlastungen sorgen, wo es nur geht.

Die finanzielle Seite

Man kann nur sinnvolle Pläne entwerfen, wenn man weiß, dass sie finanziell auf Dauer tragbar sind. Die Unterbringung in einem Altenheim beispielsweise kostet viel Geld. Zu viel Geld, als dass die Rente der Senioren in allen Fällen dafür ausreichend wäre. Wenn kein zusätzliches Vermögen vorhanden ist, dann müssen die Kinder die Differenz ausgleichen. Natürlich zahlt auch die Pflegeversicherung ihren Obolus an Pflegegeld, doch das reicht nicht, um die Heimkosten zu decken.

Bleibt also die private Pflege als Alternative. Auch da gibt es Pflegezuschüsse von der Pflegeversicherung, diese sind allerdings gering, gemessen am Aufwand, der betrieben werden muss.

Das Tückische im Guten

Des Guten zu viel – daraus kann Überforderung entstehen. Manche Menschen sind dafür prädestiniert, es sind die Dickköpfigen oder die, die niemals Nein sagen können. Was sie sich abverlangen, liegt jenseits des Machbaren und bereitet Stress. Das Tückische insbesondere in dieser Pflegesituation ist, dass dieser Stress nach außen auch noch gut aussieht. Ein volles Programm zu haben suggeriert dem Umfeld Aktivität und Energie. Wer einen kranken Partner sieben Tage in der Woche rund um die Uhr versorgt, dem zollen wir hohen Respekt. Das wird zum positiven Verstärker für die Person, die die Pflege leistet. Deshalb übersieht man leicht die Warnsignale, die eine Krise ankündigen.

Offen ansprechen und nicht vertrösten lassen

Haben Sie das deutliche Gefühl, dass die Mutter oder der Vater mit der Pflege des kranken Partners überfordert ist, dann sollten sie eingreifen – ganz praktisch, indem sie den Pflegenden aus dem Teufelskreis der Unentbehrlichkeit herausziehen. Schicken Sie den Pflegenden in Kur oder in den Urlaub, übernehmen Sie – zumindest für eine Weile – die Verantwortung (auch dazu gibt es Zuschüsse von der Pflegekasse). Danach lässt sich besser ein neuer wohlüberlegter Weg finden, der den Kräften, Wünschen und Möglichkeiten aller Beteiligten entspricht.

Ältere Menschen neigen dann oft dazu, die Schwierigkeiten und Probleme herunterzuspielen, nur um die wahre Belastung nicht zugeben zu müssen. Doch in solchen Fällen darf man sich nicht abwimmeln lassen, sondern muss in allem, was man tut und sagt, Konsequenz beweisen. Nur so kann Pflege gelingen.

❷ Alternative Wohnformen

»Wie möchtest du deinen Lebensabend verbringen?«

Die Lebenszufriedenheit im Alter hängt stark mit der Wohnsituation zusammen. Wer sich rechtzeitig auf die veränderten Wohnbedürfnisse im Alter einstellt, hat gute Chancen eine Lösung zu finden – vor allem, wenn die finanzielle Situation auch mutige Entscheidungen zulässt und nicht nur die Wahl zwischen häuslicher Versorgung durch die Kinder und Altenwohnheim lässt. An beiden Varianten ist an sich nichts Schlechtes, aber manche Senioren haben durchaus Lust, ihren Lebensabend anders zu gestalten. Ob und inwieweit die erwachsenen Kinder in dieser Lebensplanung einen Platz finden beziehungsweise finden wollen, hängt von den individuellen Verhältnissen ab.

Viele Wege – ein Ziel

Es gibt verschiedene Möglichkeiten, Selbstständigkeit bis ins hohe Alter zu bewahren. Für alle Senioren hat ein angenehmes Wohnumfeld, sprich: ein Zuhause, den höchsten Stellenwert. Die meisten alten Menschen möchten bleiben, wo sie sind. Damit diese Wohnvariante aber auf Dauer durchführbar bleibt, müssen oft Umbauten vorgenommen werden, die sich nicht mit jedem Geldbeutel vertragen. Insbesondere die Anpassungen im Sanitärbereich sind aufwendig und teuer. Gleichermaßen ist es mit der Instandhaltung einer großen Immobilie, die von einer Person allein vielleicht gar nicht genutzt werden kann.

Vor diesem Hintergrund können sich manche ältere Menschen sehr gut vorstellen, dass die Kinder nachhause zurückkehren. Die Idee eines Mehrgenerationenhauses ist nicht neu, aber dazu gehört schon eine besondere Familien- und Wohnsituation, die ideale Verhältnisse für alle schafft. Damit kann man aber nicht immer rechnen. Tragen sich Ihre Eltern mit solchen Gedanken und Sie sind da ganz anderer Meinung, sollten Sie vergeblichen Hoffnungen mit einem klaren Wort begegnen.

Im Kommen: die Senioren-WG

Andererseits lässt sich die Idee, mehrere Generationen unter einem Dach zu vereinen, auch anders realisieren. Klagen ältere Menschen vielleicht über Einsamkeit und Angst, allein zu sein, dann können alternative Wohnformen im Sinne einer Alten-Wohngemeinschaft eine Alternative darstellen.

Das bringt finanzielle Erleichterung und das begehrte Gefühl von Sicherheit. Man kann gegenseitig aufeinander achten und im Notfall Hilfe leisten; man hat Unterhaltung und ist schlicht auch weniger allein. Wie bei allen WGs sollte es klare Absprachen zu dem Verhältnis der Bewohner untereinander geben, ebenso wie finanzielle Bedingungen schriftlich festgehalten sein sollten. Wichtig ist, dass Erwartungen klar ausgesprochen werden – das ist im Alter ebenso schwierig wie in jungen Jahren.

Einen Schritt weiter gehen Senioren-WGs mit mehreren Bewohnern. Sie bieten sich für Menschen mit einem großen Freundes- und Bekanntenkreis an, die alle mehr oder weniger in der gleichen Situation sind und den gleichen Wunsch haben – nicht

Kommt eine WG überhaupt infrage?

- Welche Ziele möchten Sie erreichen? Warum erscheint das Zusammenleben mit anderen Menschen sinnvoll?
- Stehen finanzielle Aspekte im Vordergrund oder geht es auch um Gemeinsamkeit und Gesellschaft?
- Haben Sie Angst vor viel Nähe, wie sie das Zusammenleben mit anderen Menschen verlangt?
- Sind Sie kompromissbereit und flexibel? Können Sie auf andere zugehen oder haben Sie lieber ihre Ruhe?
- Welche idealen Bedingungen müssten in Bezug auf Zimmergröße, Küchen- und Badbenutzung erfüllt sein?

alleine alt zu werden. Natürlich kann man so eine große Gemeinschaft auch auf die Beine stellen, wenn man die WGler nicht nur aus dem Freundeskreis rekrutieren kann. Dann sollte man sich allerdings besser kennen lernen, bevor man das Wagnis eingeht. Überall gibt es Modellprojekte, die solche alternativen Wohnformen vorleben. Dazu gibt es Informationen auch im Internet.

Die Alternative: Das Mehrgenerationenhaus

Eine Variante zur Senioren-WG ist der Umzug in ein Wohnungsbaumodell à la Mehrgenerationenhaus. Vom Grundprinzip funktionieren solche Modelle so: Es gibt ein ausreichend großes Immobilienobjekt mit mehreren selbstständigen und abgeschlossenen Wohneinheiten. Die Mieter solcher Anlagen sind altersgemischt – sprich: Jung und Alt wohnen unter einem Dach, jedoch nicht isoliert, sondern gemeinschaftlich verantwortlich.

Eine solche Wohnmöglichkeit eröffnet Perspektiven für alle Generationen. Die Alten fühlen sich nicht mehr allein und nutzlos; die Jungen profitieren von der (Frei-)Zeit und Erfahrung der älteren Generation. Im Gegenzug gibt es Hilfestellung (zum Beispiel beim Einkaufen), die die jüngeren Bewohner den Älteren

Könnten Sie in einem Mehrgenerationenhaus glücklich werden?

- Möchten Sie lieber mit Gleichaltrigen oder lieber zusammen mit jungen Menschen leben?
- Sind Sie eher ruhebedürftig oder aktiv, flexibel – oder nur sicher in alten Bahnen?
- Möchten Sie sich nur versorgen lassen oder sich auch aktiv an der Versorgung anderer beteiligen?
- Sind Sie konfliktbereit und können Sie gut mit Kompromissen umgehen?
- Möchten Sie gerne »Leben« um sich herum oder ein Leben für sich allein?

offerieren. Vom gemeinsamen Wohnen profitieren dann beide Seiten.

Ob man sich auf solch eine Alternative einlassen möchte, hängt stark von der Persönlichkeit ab. Zwar bietet die eigene Wohnung ausreichend Rückzugsmöglichkeiten, doch viele ältere Menschen wollen im Alter auch schlicht ihre Ruhe haben – und das ist selbstverständlich nicht überall im gleichen Maß gewährleistet. Andererseits entsteht dadurch oft eine Art »Familienersatz«, der in gleicher Weise Sicherheit und Geborgenheit vermitteln kann.

Über solche Wohnprojekte und -modelle informieren Städte und Gemeinden und Wohlfahrtsverbände.

Die Luxuslösung: Eine Pflegekraft im Haus

Manche alte Menschen leben gern allein. Sie scheuen die Intimität einer Wohngemeinschaft oder suchen eine Alternative, weil sie bereits mehr Unterstützung brauchen, als Gleichaltrige bieten können oder auf freiwilliger Basis eingefordert werden kann.

Natürlich ist es schön, so rundum im eigenen Haus versorgt zu werden – aber leider ist das meist unbezahlbar. Zudem sind deutsche Fachkräfte rar. In solchen Fällen greift man oft auf osteuropäische Hilfskräfte zurück. Diese gelten als flexibel und hilfsbereit, und für manchen Pflegebedürftigen sind sie ein wahrer Segen.

Einziger Haken an der Sache: Die meisten solcher Arbeitsarrangements sind illegal im Auge des Gesetzgebers. Das »osteuropäische Modell« funktioniert zumeist so: Eine Hilfskraft reist mit einem Touristenvisum ins Land, wohnt im Haus des Pflegebedürftigen, arbeitet dort drei Monate lang als Putzfrau, Köchin, Aushilfspflegerin und Gesellschafterin. Dafür bekommt sie bis zu 1000 Euro bar auf die Hand sowie freie Kost und Logis. Nach drei Monaten reist sie wieder ab, und eine Schwester, Cousine oder Tante kommt an ihrer statt. Die Zahl solcher Arrangements geht weit in die Zehntausende.

Aber muss es denn illegal sein? Es muss nicht, aber viele Angehörige scheuen die deutsche Bürokratie mit all den Vorschriften und Formalitäten. Tatsache ist, dass mit genügend Zeit und

Vorbereitung auch der legale Status einer ausländischen Pflegekraft erreichbar ist. Nähere Informationen dazu finden Sie in meinem Buch »Jetzt wird Mama wirklich alt!«.

Betreutes Wohnen

Die Bezeichnung »Betreutes Wohnen« ist nicht gesetzlich geschützt; so kann sozusagen jeder den Begriff verwenden, ohne einheitliche Standards anzubieten. Als Mindestanforderung für eine betreute Wohnanlage gilt eine altersgerecht ausgestattete Wohnung mit Notrufsystem. Doch betreute Wohnanlagen sollten auch eine Grundbetreuung mit Beratung, Notrufsystem und Information bieten. Dazu kann man dann je nach individuellem Pflegebedarf Wahlleistungen aussuchen, wie Mahlzeitenservice, Wäschedienst, Reinigungspersonal oder ambulante Pflege.

Um in eine betreute Wohnanlage einziehen zu können, muss man zweierlei Verträge abschließen. Das erste ist ein Miet- beziehungsweise Kaufvertrag für die Wohnung, das zweite ist ein Betreuungsvertrag, der je nach Anbieter unterschiedliche Leistungen beinhaltet.

Typisches Grundservice-Paket für betreute Wohnanlagen

- 24-Stunden-Bereitschaft und Hausnotrufsystem.
- Feste Beratungssprechzeiten. Der Bewohner bekommt Hilfe bei organisatorischen Fragen, bei Behördengängen und Schriftverkehr, bei der Suche nach ambulanten Pflegediensten oder Reinigungspersonal.
- Nutzung von Gemeinschaftseinrichtungen und Angebote zur Freizeitgestaltung.
- Vermittlung und Organisation von Hilfsdiensten, wie zum Beispiel Begleitservice für Arztbesuche und eine Hilfe beim Einlösen von Rezepten.
- Unterstützung beim Einkaufen, Hausmeisterservice.

Eigene Ressentiments zurückstellen

Je früher die Frage nach den konkreten Vorstellungen zum selbstbestimmten Lebensabend auf den Tisch kommt, desto besser. Die Aufgabe der erwachsenen Kinder ist dabei eine beratende, keine wertende. Sprich: Man darf seine eigenen Erfahrungen und Vorbehalte nicht auf die Eltern projizieren und ihnen dadurch vielleicht den Mut und die Energie für einen Neustart nehmen. Hat man selbst negative Erfahrungen mit Wohngemeinschaften gemacht, bedeutet das nicht im Umkehrschluss, dass solche Experimente immer scheitern müssen. Bei allen Ressentiments gegenüber WGs, Mehrgenerationenhäusern, ausländischem Pflegepersonal oder betreuten Wohnanlagen sollte man sich stets vor Augen führen, was für die Eltern gut ist. Und nur das zählt. Eine zufriedene Wohnsituation im Alter entlastet auch die Angehörigen und schützt – und das ist noch wichtiger – den alten Menschen vor Vereinsamung.

❸ Häusliche Pflege

»Willst du nicht zu uns ziehen?«

Gerne würde man diese Frage so locker stellen, wie sie hier gedruckt steht.

Die Dimension der Entscheidung lässt sich am grünen Tisch kaum überblicken, deshalb lohnt sich eine nähere Betrachtung der Umstände, eine Diskussion über die Zukunft und über die Solidarität in der Familie.

Selbst gute Beziehungen zu den Eltern lassen nicht automatisch auf eine entspannte Pflegesituation schließen. Entspannt, um ehrlich zu sein, ist eine solche Beziehung nie, deshalb muss sie zu Beginn auf solidem Boden stehen, um den zwangsläufig folgenden Komplikationen gewachsen zu sein.

Wer mit Vorbehalten und Bedenken an die Sache herangeht, hat quasi schon verloren. Schuldgefühle und Wut ergeben ebenfalls schlechte Startbedingungen.

Alle Zweifel und Bedenken sollte man ernst nehmen. Vielleicht wäre eine externe Unterbringung dann doch die bessere Alternative. Dabei ist uns der Pflegegedanke an sich ja nicht so fremd. Wir pflegen Kinder, wenn sie noch klein und hilflos sind; wir kümmern uns um den Lebenspartner, der nach einem Beinbruch nicht so mobil ist. Der Unterschied ist, dass die Versorgung eines hilfsbedürftigen alten Menschen keinen natürlichen »Pflegetrieb« auslöst. Die Entscheidung zur häuslichen Pflege muss deshalb mit Herz und Verstand getroffen werden.

Zu den Kindern zu ziehen ist nicht mehr selbstverständlich

Früher war es einmal selbstverständlich, dass die erwachsenen Kinder sich um alte Eltern kümmern und sie auch bei Bedarf in den eigenen vier Wänden aufnehmen. Heute ist das anders: Aus der Regel ist die Ausnahme geworden. Alte Eltern, erwachsene Kinder und junge Enkel unter einem Dach erregt eher Aufsehen, als dass es für selbstverständlich angesehen wird. Nun ist es keineswegs so, dass sich nur die erwachsenen Kinder schwer mit diesem Gedanken anfreunden können. Auch die alten Menschen hängen sehr an ihrer Unabhängigkeit, selbst dann, wenn diese durch nachlassende Mobilität zunehmend auf den häuslichen Bereich beschränkt ist. Das Prinzip Nähe durch Distanz dominiert Eltern-Kind-Beziehungen heute, und deshalb ist der Entschluss, das eigene Heim aufzugeben und zu den Kindern zu ziehen, keine Selbstverständlichkeit mehr.

Nun darf man nicht gleich Kaltschnäuzigkeit und Herzlosigkeit unterstellen, wenn sich Menschen gegen die häusliche Gemeinschaft mit Verwandten entscheiden. Mit dem Auszug der Kinder aus dem elterlichen Haus entwickeln sich beide Seiten ganz unterschiedlich weiter, ja sie müssen sich verändern, um den neuen Umständen gerecht zu werden.

Ein Beispiel: Alte Menschen brauchen einen Tagesablauf mit

fester Struktur. Sie stehen oft schon früh auf, weil sie im Alter weniger Nachtschlaf brauchen. Der Tag gewinnt Kontur, wenn die Essenszeiten strikt eingehalten werden. So unterteilt sich der Tag in überschaubare Einheiten: vom Frühstück zum Mittagessen mit anschließendem Nickerchen, zum Nachmittagskaffee bis zum Abendbrot. Das Essen erfüllt in diesem Sinn eine zweifach wichtige Funktion, die profane Nahrungsaufnahme ist dabei sekundär und die Strukturierung des Tages hat höchste Priorität.

Wie anders sieht doch der Tag in einer Familie mit Kindern aus. Die Arbeit gibt dem Tag Struktur: Fürs Frühstück bleibt wenig Zeit, weil die meisten Kinder, große wie kleine, schlecht aus den Federn kommen. Das Mittagessen findet in der Kantine statt oder je nach Schulschluss zu unterschiedlichen Zeiten. Am Abend finden sich die Familienmitglieder zusammen – oder nicht. Und sie verbringen den Abend gemeinsam – oder allein mit diversen Hobbys und Interessen.

Treffen nun in einem gemeinsamen Wohnprojekt solch unterschiedliche Tagesstrukturen aufeinander, dann sind Anpassungsleistungen und Kompromisse von beiden Seiten gefragt, aber keineswegs selbstverständlich.

Wie es die Alten sehen

Es gibt alte Menschen, die ein Zusammenleben mit den erwachsenen Kindern und deren Familien als selbstverständliche Zukunftsperspektive ansehen. Es hängt stark von der Persönlichkeit des Einzelnen ab, ob dies tatsächlich gelingt. Das Senioritätsprinzip lässt sich nicht in jedem Haushalt durchsetzen, und deshalb bedeutet das Zusammenleben mit erwachsenen Kindern für alte Menschen einen erheblichen Einschnitt. Ideale Bedingungen lassen sich nur dort herstellen, wo es räumlich möglich ist, Rückzugsmöglichkeiten für beide Seiten – alte Menschen und Verwandte – zu schaffen. Zwei Wohnungen in einem Haus sind ideal, aber nicht überall machbar.

Wichtigste Voraussetzung wäre zudem, dass es dem alten Menschen gelingt, sich aus dem Leben der Kinder herauszuhalten. Doch derartige Zurückhaltung fällt vielen alten Menschen schwer. Sich neuen Gegebenheiten anzupassen ist für manche schier unmöglich oder erfordert entsprechend viel Zeit. Manchmal ist das Zusammenleben mit Nichtverwandten leichter, als mit der eigenen Familie unter einem Dach zu leben.

Und wie sieht es die Familie?

Kein Mensch ist eine Insel, und deshalb kann man als erwachsene Tochter oder erwachsener Sohn die Entscheidung über die Zukunft der alten Eltern auch nicht allein treffen. Ohne die Solidarität der Familie steht man auf verlorenem Posten. Alle haben dabei ein Mitspracherecht – und dem Partner ist sogar ein Veto einzuräumen. Die anstehenden Veränderungen und Probleme betreffen alle Familienmitglieder gleichermaßen, dessen sollte man sich bewusst sein.

Im Zentrum stehen aber die Angehörigen, die sich kümmern müssen. Sie tragen die größte Last, sind oft zerrissen zwischen all den unterschiedlichen Bedürfnissen und Forderungen. Insbesondere pflegende Frauen sind derart eingebunden in eine Vielzahl von Verpflichtungen, dass sie gar nicht die Zeit haben, über ihre Situation nachzudenken.

Informieren Sie sich vorher!

Wer mit dem Gedanken spielt, einen hilfsbedürftigen Angehörigen in die eigenen vier Wände aufzunehmen, der sollte sich genau über die praktischen Anforderungen informieren und auch darüber, welche finanziellen Unterstützungen es gibt und mit welchen Einschränkungen das verbunden ist.

Pflege der Eltern bedeutet immer auch Einschränkung und Verzicht, verlangt Verständnis und Kooperation, ohne das geht es nicht. Oft genug trägt die Familie die Entscheidung mit, doch damit sollte man in der Vorbereitung nicht rechnen. Wie wäre es, wenn Sie keine Unterstützung hätten, keine Zeit mehr für Kinder und den Partner – und keine Zeit mehr für sich allein? Könnten Sie damit über einen längeren Zeitraum gut leben?

Natürlich sind es die Probleme, die bei häuslicher Pflege so offensichtlich ins Auge fallen, nicht die schönen Momente der Nähe und Vertrautheit. Einen Menschen auf seinem letzten Weg zu begleiten kann neue Perspektiven eröffnen für den eigenen Lebensweg – und das in mehrfacher Hinsicht.

Doch andererseits fühlen sich die meisten pflegenden Angehörigen irgendwann auch gefangen zwischen Schuldgefühlen und Selbstaufgabe. Die Schuldgefühle gehören zu den häufigsten Emotionen, die in einer Pflegesituation wahrgenommen werden. Denn vor die neue Aufgabe gestellt, muss mancher erkennen, dass er den Anforderungen keineswegs so gewachsen ist, wie es zunächst den Anschein hatte.

Die Grenzen häuslicher Pflege ausloten

Sich gegen häusliche Pflege auszusprechen ist schwer. Häusliche Pflege hat eine Chance. Aber nur dann, wenn man die emotionale Verpflichtung nicht vor alles andere stellt. Jeder Mensch hat auch eine Sorgfaltspflicht sich selbst gegenüber. Die eigenen Bedürfnisse über die der anderen zu stellen, ohne egoistisch und selbstverliebt zu werden, ist eine Kunst. Diese Kunst erfordert es, dass man sich vom Perfektionismus verabschiedet, denn Übermenschliches zu leisten ist dauerhaft nicht möglich – und schadet allen Beteiligten langfristig mehr, als es kurzfristig nützt.

Mutig fragen, gelassen antworten

Die Frage, ob hilfsbedürftige Eltern zu den Kindern ziehen wollen, darf nicht leichtfertig gestellt werden. Zuerst muss man die ganze Sache gründlich durchdenken. Dann muss man – falls man sich dafür entscheidet – so mutig sein, die Frage zu formulieren.

Es gibt zwei Antwortmöglichkeiten: »Ja, aber gerne!« oder »Nein, auf keinen Fall!« Mit beiden Antworten muss man leben können. Im ersten Fall wird aus dem Gedankenspiel täglicher Ernst; im zweiten Fall darf man die Ablehnung nicht als persönliche Zurückweisung begreifen, sondern als bewusste Entscheidung eines erwachsenen Menschen.

Aber was ist, wenn nicht Sie es sind, der die Frage so direkt stellt? Was, wenn Eltern die häusliche Pflege einfordern? Es gibt keine Pflicht zur Pflege, bestenfalls ist es eine moralische Verpflichtung, gestützt vom gesellschaftlichen Druck. Daran sollten und dürfen Sie sich in einem solchen Fall erinnern, um dann nach einer für alle Beteiligten guten Lösung zu suchen. Es gibt sie – also: nur Mut bei der Suche!

❹ Angst vor einem Heim

»Du wirst mich doch wohl nicht ins Heim bringen?«

In erste Linie ist es die Sorge, abgeschoben zu werden, die die Angst vor Alten- und Pflegeheimen schürt. Das Alter fordert seinen Tribut, und damit verbunden ist häufig eine zunehmende Pflegebedürftigkeit, die sich unter Umständen nicht anders als durch eine Heimunterbringung zufrieden stellend lösen lässt.

Diesen Tatsachen auf der einen Seite stehen die emotionalen Bedenken auf der anderen Seite gegenüber.

Zudem wird die Angst vor der Heimunterbringung auch immer wieder von den Medien geschürt. Um die Spreu vom Weizen zu trennen, hilft es nur, sich ein persönliches Bild von den Angeboten in der Umgebung zu machen. Das beruhigt zumindest das eigene schlechte Gewissen, entkräftet allerdings nicht die Vorbehalte des alten Menschen.

Die Zukunft ist ein düsterer Ort

Vielen alten Menschen fällt es schwer, sich die Zukunft vorzustellen. Kaum etwas daran erscheint schön und erstrebenswert, das meiste, was in den Köpfen herumspukt, hat mit Verfall und würdelosem Dahinsiechen zu tun. Doch was bedeutet Heimunterbringung wirklich? Welche Kriterien sprechen dafür? Das Bundesministerium für Familie, Senioren, Frauen und Jugend hat eine Auswahl möglicher Gründe so zusammengefasst:

- Erhebliche Verschlechterung des Gesundheitszustands, sodass eine selbstständige Lebensweise unmöglich ist.
- Demenzerkrankung, die ein sicheres Umfeld erfordert.
- Scheitern der häuslichen Pflegesituation, zum Beispiel, wenn die Pflegekraft ausfällt.
- Wunsch nach kompetenter Betreuung durch Fachpersonal.
- Wunsch nach mehr Sicherheit im Umfeld.
- Wunsch nach mehr sozialen Kontakten.
- Wunsch, den Angehörigen nicht zur Last zu fallen.

Betrachtet man diese Auflistung näher, so wird deutlich, dass es äußere Faktoren gibt, die für eine Heimunterbringung sprechen, dass aber ebenso Wünsche damit verbunden sind, die sich im Alter teilweise nur durch eine Heimunterbringung erfüllen lassen.

So stell ich mir dir Zukunft vor!

Um die Heimunterbringung objektiv bewerten zu können, sollte man sich auf die positiven Aspekte besinnen, auf die Wünsche, die man noch für die Zukunft hat. Tatsächlich können Alten- und Pflegeheime eine Reihe der Bedürfnisse alter Menschen erfüllen, nur wird dieses zu wenig zur Kenntnis genommen.

Wunsch nach kompetenter Betreuung: Manche Pflegebedürftigkeit erfordert ein hohes Maß an professioneller Kompetenz. Denkt man bloß an den Einsatz von Kathedern und Infusionen, so wird klar, dass solche Maßnahmen nur von geschultem Personal durchgeführt werden sollten. Eine lückenlose Betreuung in diesem Sinne ist nur in einem guten Heim gewährleistet.

Wunsch nach mehr Sicherheit im Umfeld: Sicherheit im Umfeld ist ein großes Thema für die Alten. Dazu gehören spezielle Einrichtungen (wie Notrufsysteme), aber auch eine barrierefreie Umgebung, in der sich der alte Mensch – gemäß seiner Fähigkeiten – frei bewegen kann. Solche idealen Verhältnisse sind bei häuslicher Versorgung nur unter größtem Aufwand herzustellen.

Wunsch nach mehr sozialen Kontakten: Viele Senioren wünschen sich mehr Gesellschaft. Das gibt natürlich keiner gerne zu, doch es gibt ganz viele Beispiele dafür, dass alte Menschen in Heimen regelrecht aufblühen, weil sie – wann immer sie wollen – mit anderen zusammen sein können. Eine Familie kann dafür kein adäquater Ersatz sein, denn das tägliche Leben erfordert es, dass jeder aus dem Haus geht (in die Schule und zum Arbeitsplatz) und nur wenig Muße hat, sich dem Rhythmus des Alters anzupassen. Vielen Senioren ist das Leben in der Familie gemeinsam mit mehreren Generationen auch einfach zu anstrengend, weil nicht genug Rücksicht genommen werden kann.

Wunsch, den Angehörigen nicht zur Last zu fallen: Der Wunsch erscheint selbstlos, doch vielleicht steckt auch die Erkenntnis dahinter, dass das Leben im Heim nicht nur Einschränkungen mit sich bringt, sondern auch neue Perspektiven eröffnet, Stichwort »Nähe durch Distanz«.

Doch selten sind Senioren so souverän, ihre Wünsche klar zu formulieren. Sie überlassen die Argumentation für eine Heimunterbringung lieber den Angehörigen.

Kampf dem schlechten Gewissen

Tatsache ist, dass bei entsprechender Krankengeschichte der Umzug in ein Heim für beide Seiten – Angehörige wie Pflegebedürftige – eine große Erleichterung sein kann. Der normale Umkehrschluss zu der dringlichen Bitte »Bring mich bloß nicht ins Heim!« ist Schuldgefühl. Jeder fühlt sich schlecht bei dem Gedanken, die Eltern in einem Heim abgeben zu müssen. Schuldgefühle rühren vom Gefühl der eigenen Unzulänglichkeit her und implizieren immer auch Versagen.

Nun ist es für alle Angehörigen schwer, die Überlegungen zu einer Heimunterbringung positiv zu vermitteln. Wie soll man auch etwas positiv »verkaufen«, wenn man selbst so große Vorbehalte hat? Doch Heim ist nicht gleich Heim – und die wirklich Guten zu finden, bedarf es Zeit.

Auf folgende Aspekte sollten Sie bei der Heimauswahl achten:

Der Standort: Ideal ist natürlich die räumliche Nähe zu einem Angehörigen oder aber die Nähe zum alten Wohnort, sodass auch der Kontakt zu Freunden und Nachbarn vielleicht nicht völlig abreißt. Wichtiger als die Lage ist das Heim selbst.

Die Atmosphäre: Um diese zu erspüren, kann man sich leider nur ganz und gar auf sein Gefühl verlassen. Manchmal hilft es, wenn man sich etwas Zeit nimmt und sich persönlich in den Heimen umschaut. Wie wirken die alten Menschen: zufrieden und glücklich oder mürrisch und verkniffen? Das sind dann natürlich nur Momentaufnahmen, aber diese helfen, sich in die Atmosphäre einzufühlen.

Die Ausstattung: Im Fokus stehen allgemeine Fragen wie: Gefällt das Gebäude und das Drumherum. Gibt es Einzel- oder Doppelzimmer? Kann man eigene Möbel mitbringen? Was man als Angehöriger auf Heimsuche mit einbeziehen muss, ist die veränderte Lebensperspektive des alten Menschen. Was für die Angehörigen gut und wichtig ist, deckt sich eher selten mit den Vorstellungen des alten Menschen. Konkret bedeutet das: In einem Heim, in dem sich die Angehörigen wohlfühlen würden, fühlt sich nicht automatisch auch die Mutter oder der Vater wohl. Wer zum Beispiel über Jahre hinweg unter Einsamkeit und zu wenig Ansprache litt, der ist unter Umständen in einem Doppelzimmer glücklicher als in einem Einzelzimmer.

Angehörige suchen oft nach einem Heim mit »Hotelcharakter«. Das ist gut und schön, aber die Senioren wollen nicht dauerhaft Urlaub machen, sondern sie wollen sich zu Hause fühlen. Diese häusliche Atmosphäre ist es, nach der man suchen muss – und zwar aus dem Blickwinkel des Angehörigen heraus.

Der Heimträger und die Betreuung: Beim Einzug in ein Heim

wird nicht nur ein Mietvertrag, sondern auch ein Pflegeabkommen geschlossen. Dabei sind Heimträger an Richtlinien gebunden, die ihnen von Gesetzesseite vorgegeben sind; alle Details dazu sind im Heimgesetz geregelt. Gut Heime spielen deshalb bei der Information von Angehörigen und Pflegebedürftigen mit offenen Karten. Trotz allem kann man sich, beispielsweise bei der Krankenkasse, erkundigen, über welche Erfahrungen sie mit dem Heim verfügen und ob eine Kostenübernahme gewährleistet ist. Weiter sollte man sein Augenmerk auf den Pflegeschlüssel und die personelle Ausstattung des Heimes richten. Mindestens 50 Prozent des Personals sollten über eine abgeschlossene Ausbildung in einem pflegerischen Berufs verfügen.

Therapie- und Rehabilitationsmaßnahmen: In Ergänzung zum Heimvertrag wird für jeden Bewohner ein individueller Pflegeplan erstellt. Dabei werden gesundheitliche und pflegerische Aspekte aufgenommen und ins Pflegeschema der jeweiligen Station eingepasst. Der Pflegeplan zielt immer auf eine Verbesserung der gegenwärtigen Situation ab (Stichwort »Rehabilitation«), versucht also Selbstständigkeit zu erhalten oder zu verbessern.

Fragen Sie auch nach dem so genannten begleitenden Dienst.

Stichwort »Tagesstrukturierende Maßnahmen«
Weil Heime eine Rundum-Versorgung bieten, entfällt jede »sinnvolle« Beschäftigung. Die Generation jedoch, die momentan in den Pflege- und Altenheimen lebt, ist es nicht gewohnt, die Hände einfach in den Schoß zu legen und sich bedienen zu lassen. Mal ist das ja ganz schön, aber auf Dauer? Nun bieten Bastel- und Singstunden keinen adäquaten Ausgleich für Pflicht erfüllende Tätigkeiten, aber wer gerne den Tisch deckt oder bei der Essenausgabe hilft, den wird man sicher nicht bremsen. Im Gegenteil, solche Art von Eigeninitiative wird gern gesehen, macht sie doch die Bewohner ein Stückweit zufriedener.

Dieser kümmert sich um Freizeitangebote, die den Alltag im Heim, den Tagesablauf abwechselungsreicher gestalten sollten. Es handelt sich dabei teilweise um ehrenamtliche Helfer, die den Bewohnern vorlesen, mit ihnen spazieren gehen oder musizieren. In manchen Häusern sind es auch ausgebildete Fachkräfte, die neben der Pflege auch diese »tagesstrukturierenden Maßnahmen« durchführen. Diese Beschäftigungstherapien sind Teil der Ausbildung, doch im tagtäglichen Betrieb eines Alten(pflege)heims kommt das häufig zu kurz, weshalb man diese Aufgabe oft freiwilligen Helfern überträgt. Der Tag gewinnt so an Struktur, denn Langeweile ist schlecht fürs Heimklima.

Das Essen: Die Mahlzeiten sind für alte Menschen von zentraler Bedeutung, deshalb sollte man sich auch dazu näher informieren. Gibt es beispielsweise flexible Essenszeiten? Sind Sonderwünsche erfüllbar? Gibt es regelmäßig Obst und frisches Gemüse? Wie groß ist die Menüauswahl? Ist der Speiseraum ansprechend gestaltet? Übrigens: Das Befragen von Bewohnern zu diesem heiklen Thema bringt wenig, denn die Qualität des Essens ist steter Stein des Anstoßes und der Beschwerde. Es gibt nicht immer für jeden Geschmack das Richtige, aber das ist in Kantinen und Ähnlichem auch nicht anders.

Der Heimvertrag – ein Pflegeabkommen

Hat man ein Heim ausgewählt, dann gilt es, einen Heimvertrag zu schließen. Darauf sollte man achten:

- Das Zimmer sollte genau bestimmt sein. Hat man sich für ein Einzelzimmer entschieden, ist aber derzeit keines verfügbar, so sollte man die Rahmenbedingungen für einen bald möglichen Zimmerwechsel festhalten und definieren.
- Die Kosten für die Heimunterbringung müssen aufgeschlüsselt in Rechnung gestellt werden – und zwar differenziert nach Pflegekosten, Unterbringung, Verpflegung und Investitionskosten.
- Die Kosten für die Pflege übernehmen die Pflegekassen gestaffelt nach Pflegestufen. In Pflegestufe 1 pauschal 1023 Euro

pro Monat, in Pflegestufe 2 sind es 1279 Euro und in Pflegestufe 3 werden 1432 Euro gezahlt. Die restlichen Kosten müssen die Bewohner selbst aufbringen, beziehungsweise die Differenz muss durch die Angehörigen ausgeglichen werden.

- Die Haftung des Heimbetreibers sollte nicht begrenzt sein, wie beispielsweise für grobe Fahrlässigkeit oder Fehler in der Pflege.

Gesprächsgrundlage: Ein gutes Gewissen

Die Vorbehalte alter Menschen gegenüber der Heimunterbringung sind nicht leicht zu entkräften. Die wichtigste Voraussetzung ist jedoch ein gutes Gewissen. Das können Sie sich nur verschaffen, wenn Sie sich – wie oben beschrieben – ausführlich informieren und eine gute Wahl treffen.

Voraussetzung für eine Heimunterbringung ist in erster Linie, dass eine andere Versorgungsmöglichkeit nicht gegeben ist. Die alten Eltern ins Heim zu bringen bedeutet nicht, sich der Verpflichtung zur Fürsorge zu entziehen. Denn auch wenn die Pfle-

Versprechen brechen
Viele Angehörige kämpfen noch dazu mit einem schlechten Gewissen, weil sie dem alten Menschen vielleicht einmal versprochen haben, ihn nie in ein Heim zu bringen. Es gibt unterschiedliche Momente im Leben, in denen wir Versprechen geben, über deren Tragweite wir uns nicht im Klaren sind. Weil sich Menschen verändern, müssen sich Gegebenheiten anpassen. Ein naheliegendes Beispiel ist das Eheversprechen, das bei Scheidungen gebrochen wird, jeden Tag, tausendfach. Nun geht es bei Kindern und Eltern nicht um Scheidung, aber auch sie haben jedenfalls das Recht, ein Versprechen nicht einzulösen und nicht zu »tragen«, wenn es nicht (mehr) tragbar ist.

gebedürftigen in stationärer Pflege sind, werden Angehörige nach wie vor gefordert. Und das ist es, was Sie in erste Linie bei Gesprächen zu diesem Thema signalisieren sollten: »Ich bin für dich da, ich schiebe dich nicht ab, ich möchte den Umzug ins Heim, gerade weil du mir so wichtig bist.«

Hat man jedoch den Entschluss gefasst, das Thema »Heim« explizit anzusprechen, muss man zuerst einmal seine Emotionen in den Griff bekommen: Angst, Wut, Trauer, Freude, Scham, Aggression und Erleichterung. Trauer ist dabei eindeutig das dominante Gefühl, weil man sich die freudigen Emotionen selten zugesteht.

Umzug ins Heim: Chancen für beide Seiten

Chance statt Abschiebung – genau das sollte der Gesprächstenor sein. Dazu ist es ganz wichtig, dass auch Sie selbst den Umzug in ein Heim als Chance sehen und zwar nicht für sich, sondern für Ihre Mutter oder Ihren Vater. Weisen Sie darauf hin, welche Vorzüge sich für den alten Menschen daraus ergeben, und versichern Sie stets, dass das keine Ausrede ist. Glaubwürdigkeit können Sie nur durch Ihre ehrliche Meinung transportieren, und deshalb ist es so wichtig, gut vorbereitet in diese Gespräche zu starten. Erwarten Sie nicht sofortige Begeisterung – die gibt es nie. Doch sprechen Sie dieses heikle Thema an, immer wieder, frühzeitig oder auch vorzeitig, nur bitte nicht zu spät.

❺ Patientenverfügung und Pflegschaft

»Wer soll sich um deine Angelegenheiten kümmern, wenn du es selbst nicht mehr kannst?«

Keiner denkt gern darüber nach, was werden soll, wenn man selbst nicht mehr für sich sprechen oder Entscheidungen treffen kann. Zu deprimierend ist die Vorstellung. Dabei ist doch den meisten Menschen der Vorsorge-Gedanke gar nicht so fremd. Wir schließen Haftpflicht- und Hausratversicherungen ab, schützen uns vorsorglich vor Berufsunfähigkeit und Unfallfolgen. Selbst die unwahrscheinliche Tatsache, dass unser Haus von einem Blitz getroffen wird, lässt sich vorausschauend regulieren.

Warum verschließen wir bloß vor der Vorsorge für das eigene Alter so vehement die Augen? Alt zu werden ist ein vorhersehbares Risiko, irgendwann einmal nicht mehr für uns selbst entscheiden zu können ebenso. Jeder Mensch kann jeder Zeit (unabhängig vom Alter) in eine Situation geraten, wo andere für ihn Entscheidungen treffen müssen. Sollten diese dann nicht wenigstens im eigenen Sinne sein?

Verantwortung delegieren

Schon das ganz normale Leben stellt eine Fülle von Ansprüchen an jeden Einzelnen. Jeden Tag füllt sich der Briefkasten aufs Neue mit mehr oder minder wichtigen Briefen, regelmäßig müssen Formulare ausgefüllt und Unterlagen geprüft werden. Es wundert nicht, dass vielen alten Menschen die ganze Bürokratie zu viel wird, und doch hüten sie sie andererseits quasi als letzte Bastion der Selbstständigkeit.

Wie ein Damoklesschwert hängt der Begriff der »Vormundschaft« über dem Alter, und viele Senioren werden nicht müde zu versichern, dass sie immer noch selbst Herr ihrer Dinge sind und sich keine Einmischung wünschen.

Doch bis zu welchen Punkt kann man die Dinge einfach laufen lassen und ab welchen Zeitpunkt ist Unterstützung gefragt?

Ein erster Schritt wäre es, wenn Senioren gewisse Verantwortlichkeiten delegieren würden. Den Schriftverkehr mit der Krankenkasse an den Sohn, die Kontoverwaltung an die Tochter – das wäre zumindest ein Anfang. Doch aller Anfang ist bekanntlich schwer …

Was kann man delegieren?

Es gibt ein ganzes Bündel unterschiedlichster Vollmachten und Verfügungen, mit denen man sich das Leben leichter und die eigene Zukunft sicherer machen kann. Das gilt nicht nur für ältere Menschen, sondern auch für die jüngere Generation.

Generell unterscheidet man im juristischen Sprachgebrauch »Vollmachten« und »Verfügungen«. Mit solchen Schriftstücken kann man die eine oder andere Verantwortung delegieren beziehungsweise im Fall der Verfügung die eigenen Wünsche für die Zukunft festhalten. Eine einfache Variante, Verantwortlichkeiten zu delegieren, wäre die Bevollmächtigung einer Vertrauensperson in Bankangelegenheiten. Man kann auch Vollmachten für Behörden verfassen, nur dann verlangt jede ein eigenes Schriftstück.

Vollmachten erteilen

Vollmachten können pauschal verfasst sein, sodass sie als *Generalvollmacht* gelten. Damit überträgt man einer Person seines Vertrauens, das Recht und die Pflicht, sich um alle Bereiche des täglichen Lebens stellvertretend zu kümmern und im Sinne des Vollmachtgebers zu entscheiden. Wer die Generalvollmacht hat, kann gegenüber allen Behörden, Ämtern und offiziellen Instituten im Namen des Vollmachtgebers handeln, Verträge schließen und kündigen, Verbindlichkeiten eingehen und abwickeln.

Der Gesetzgeber verlangt, dass alle Befugnisse (insbesondere in Bezug auf die Verweigerung lebensverlängernder Maßnahmen, notwendiger Operationen oder Maßnahmen, die einem Freiheitsentzug gleichkommen) explizit benannt werden und dass ein Vormundschaftsgericht den Entscheidungen des Bevollmächtigten zustimmen muss. Eine solche Generalvollmacht ist nicht an Bedingungen geknüpft und sofort nach der Unterzeichnung gültig.

Möchte man nur im Hinblick auf die Zukunft seine Geschicke in die Hände einer bestimmten Vertrauensperson legen, so wählt man die *Vorsorgevollmacht*.

Der wichtigste Unterschied ist der, dass der Bevollmächtigte erst dann zum Einsatz kommt, wenn man selbst dazu nicht mehr in der Lage ist. Auch hierbei sollte man über umfassende Bevollmächtigung nachdenken, denn sonst kann im Fall eines Falles vom Gericht ein Betreuer für die fehlenden Aspekte berufen werden. Zu den Hauptbereichen, die durch eine Vollmacht abgedeckt werden, gehört die Vermögens- und Rechtsvertretung, die Gesundheitsfürsorge und das Aufenthaltsbestimmungsrecht.

Wichtig!

- Klar formulieren, um Fehlinterpretationen vorzubeugen.
- Vollmachten können jederzeit widerrufen werden.
- Eine Vollmacht bedarf der Schriftform (handschriftlich oder durch Unterzeichnung eines Vordrucks), um die nötige Klarheit und Worttreue zu garantieren.
- Eine notarielle Beglaubigung ist nicht notwendig, wird allerdings häufig (von Behörden und Banken) verlangt.

Verfügungen treffen

Möchte man die Verantwortung für die Zukunft auf unterschiedliche Personen verteilen, kann man verschiedene Verfügung treffen. Da gibt es zum einen die so genannte *Betreuungsverfügung* und zum anderen die *Patientenverfügung*.

Das Grundgesetz sagt, dass die Würde des Menschen unantastbar ist, und jeder Mensch hat ein Recht auf Selbstbestimmung. Es ist allerdings möglich, dieses Recht zu garantieren, indem man für den Fall, dass man selbst dazu nicht in der Lage ist, dieses Recht auf eine vertrauenswürdige Person überträgt.

Bei der *Patientenverfügung* wählt der Betroffene für den Fall eines medizinischen Notfalls oder aber für die medizinischen Notwendigkeiten im Sterbeprozess eine Person, die stellvertretend für ihn die richtigen Entscheidungen trifft. Kein Arzt darf einen Patienten behandeln oder an ihm Eingriffe vornehmen, ohne ein Einverständnis für sein Handeln eingeholt zu haben. Bei Minderjährigen müssen die Eltern mit der Behandlungsweise einverstanden sein; ab der Volljährigkeit muss jeder für sich selbst entscheiden. Aber was ist, wenn der Patient seinen Willen nicht mehr bekunden kann? Dann kommt die Patientenverfügung ins Spiel.

Jeder Mensch kann jederzeit in eine solche Situation geraten. Ist niemand da, der für den Patienten in seinem Sinne entscheiden kann, dann muss ein gesetzlich bestellter Betreuer dies tun, oder in akuter Not entscheidet der Arzt, was der Wille des Patienten sein könnte. Solche Unsicherheiten, Gewissenskonflikte und (unter

Wichtig!

- Die Patientenverfügung bedarf der Schriftform (handschriftlich oder als unterzeichneter Vordruck), muss mit Namen, Adresse, Geburtsdatum und Unterschrift versehen werden.
- Es muss klar ersichtlich sein, welche Behandlungsweisen man wünscht und welche man ablehnt.
- Lassen Sie sich von einem Arzt beraten.
- Patientenverfügung von einem Zeugen bestätigen lassen, um die geistige Entscheidungsfähigkeit des Verfügenden zu attestieren.
- Patientenverfügung alle zwei Jahre aktualisieren beziehungsweise neu unterschreiben, damit sie dem jeweils veränderten Gesundheitszustand angepasst ist.

Umständen) Fehleinschätzungen können durch eine Verfügung vermieden werden.

Eine *Betreuungsverfügung* ist weitaus umfassender und schließt häufig die Patientenverfügung mit ein. Hat man keine Betreuungsverfügung erteilt, so bekommt im Ernstfall das Vormundschaftsgericht den Auftrag, einen Betreuer zu bestellen. Der Betreuer ist nicht für alle Entscheidungen in allen Lebensbereichen zuständig, sondern wird nur für die Bereiche eingesetzt, in denen Betreuung von außen notwendig ist.

Insbesondere in Zeiten, in denen Demenzerkrankungen immer weiter um sich greifen und der medizinische Fortschritt immer öfter Pflegesituationen schafft, die eine besondere Betreuung erfordern, ist eine Betreuungsverfügung so wichtig. Wie in allen anderen Verfügungs- und Vollmachtfällen, müssen die Festlegungen (hand-)schriftlich erfolgen oder können durch einen unterschriebenen Vordruck erteilt werden.

Ihr Wille in guten Händen

Alle Verfügungen und Vollmachten müssen so deponiert werden, dass man sie im Fall eines Falles auch findet. Entweder man gibt sie der Vertrauensperson zur Aufbewahrung, oder man hinterlegt sie bei einer entsprechenden Behörde, zum Beispiel bei einem Amtsgericht. Darüber hinaus gibt es ein Zentralarchiv des DRK (in Mainz), wo man solche Dokumente registrieren lassen kann.

Man kann solche Vollmachten auch im gesetzlichen Auftrag und unter Rechtsaufsicht des Justizministeriums hinterlegen und registrieren lassen. Die Bundesnotarkammer führt beispielsweise ein zentrales Vorsorgeregister.

> Material zu diesem Thema, inklusive Mustervollmachten und Verfügungsvorlagen, enthält die Broschüre »Vorsorge für Unfall, Krankheit und Alter durch Vollmacht, Betreuungsverfügung, Patientenverfügung«, die vom Bayerischen Staatsministerium für Justiz herausgegeben wird.

Mit gutem Beispiel vorangehen – Herausforderung annehmen!

Solche Vollmachten und Verfügungen stellen für ältere Menschen eine besonders große Herausforderung dar, deshalb ist es ein guter Gesprächsansatz, wenn man beispielsweise selbst die Initiative ergreift und eine Patientenverfügung ausfüllt. Damit wird deutlich, dass jeder Mensch – gleich welchen Alters – die eigene Hinfälligkeit mit ins Kalkül ziehen sollte. Erwachsene Kinder scheuen oft davor zurück, und doch wäre das ein prima Gesprächsansatz. Sollten dennoch Vorbehalte dominieren und auch das »gute Beispiel« ohne Effekt bleiben, raten erfahrene Experten aus dem Bereich der Seniorenarbeit zu einer klaren Kommunikation: Bringen Sie das Thema nicht massiv und drängend, sondern kontinuierlich wohldosiert auf den Tisch.

Eine Möglichkeit der Vorbereitung ist es beispielsweise, wenn man als Angehöriger rechtzeitig ein »Vorsorgetagebuch« anlegt. Darin notiert man mit Datum alle Gespräche, die rund um das Thema Vorsorge geführt werden. Alle alten Menschen sprechen dann und wann über ihre Vorstellungen fürs Alter: »Eine Magensonde würde ich nie haben wollen. Das ist doch kein Leben mehr.« Oder: »Der Herr Müller lag drei Wochen im Koma, nur weil sich seine Kinder nicht einigen konnten, was mit ihm werden soll. Das ist doch unmenschlich. Macht das mit mir bloß nicht!« All die kleinen Details und Wünsche, denen man habhaft werden kann, sollten gesammelt werden. Sie bieten später einmal eine wichtige Entscheidungshilfe, wenn der alte Mensch dazu selbst nicht mehr in der Lage ist.

Wovor man sich hüten sollte, ist es, die eigenen Vorstellungen automatisch auf die Eltern zu übertragen. Das, was Sie für gut und richtig halten, muss nicht immer deckungsgleich mit der Meinung Ihrer Angehörigen sein.

Diese Selbstständigkeit bis zuletzt zu bewahren geht nur über eine entsprechend ausführliche Vollmacht oder Verfügung.

Kapitel 6

Vier Fragen rund um Sterben, Erben und Tod

Ein Leben ohne mich – das möchte sich niemand gerne vorstellen, geschweige denn sich Gedanken darüber machen, wie es aussehen würde.

Im Alter ist der Tod nicht mehr weit, denkt man. Jedoch: der Tod eines Menschen ist immer und zu jeder Zeit möglich, nur wollen wir das nicht wahrhaben. Den Tod können wir nicht verdrängen, aber wir verdrängen das Thema Tod. Das ist auch nicht weiter schwer, denn der Tod ist in unserer Gesellschaft selten »öffentlich«. Gestorben wird im Verborgenen, heimlich und oft allein in Krankenhäusern, Hospizen und Altenheimen, nur noch sehr selten zu Hause und im Kreis der Familien und Freunde. Deshalb haben wir – und auch unsere Kinder – nur selten Gelegenheit, dem Tod ins Gesicht zu sehen.

Tod ist die natürliche Folge des Lebens, sein Abschluss, aber wenn man religiösen Gedanken folgt, nicht das Ende. Das macht die Sache etwas leichter, doch nicht mehr viele Menschen haben zu glauben gelernt, schon gar nicht an ein Leben danach.

Der Schrecken des Todes liegt nicht am Tod an sich, sondern an dem Unbekannten und dem Unfassbaren, was ihn umgibt. Aber – und diese Weisheit haben uns viele alte Menschen voraus – wenn man sich mit dem Tod befasst, ist er ein ganzes Stück weniger schrecklich.

Es ist natürlich ein Unterscheid, ob ein junger Mensch stirbt oder ein alter. Junge Menschen werden »aus der Mitte des Lebens gerissen«, mit ihnen stirbt ein Stück Zukunft und Hoffnung, und man trauert um verpasste Chancen sowie unerfüllte Träume. Wenn ein alter Mensch stirbt, dann wird im besten Fall ein erfülltes Leben abgeschlossen. Wenn am Ende eines Lebens nichts an Wünschen übrig bleibt, dann nimmt der Tod nichts, was zu beklagen wäre. Denn nicht der Tod ist schrecklich, sondern ein Leben, das noch randvoll ist mit unerfüllten Wünschen.

Sich Gedanken über den Tod zu machen ist wichtig, denn es bedeutet, zu erkennen, dass man nichts verschieben und jetzt sein Leben genießen und – so gut es geht – »erfüllen« sollte.

❶ Letzte Dinge regeln

»Hast du schon dein Haus bestellt?«

»Wer sein Haus bestellt hat, kann beruhigt gehen«, behauptet der Volksmund. Dieses Zitat stammt aus einer Zeit, in der das Sterben als Teil des Lebens betrachtet wurde und es zu den edlen Pflichten des alten Menschen gehörte, geordnete Verhältnisse zu hinterlassen.

Heute ist das anders. Sterben und Tod wird in der Gesellschaft weitgehend tabuisiert, und deshalb erscheint die Frage, ob ein alter Mensch »seine letzten Dinge geregelt hat« auch geradezu ungehörig. Und wie stellt man es an, »das Haus zu bestellen«, ohne ständig an den eigenen Tod denken zu müssen?

Sterben anerkennen

»Und so trifft uns das schauderlichste aller Übel, der Tod, nicht im mindesten: Solange wir leben, ist er noch nicht da, wenn er aber gekommen ist, sind wir nicht mehr da. Deshalb geht er weder die Lebenden noch die Toten etwas an, denn für die Ersteren ist er nicht gegenwärtig, den Letzteren aber kann er nichts mehr

anhaben.« So stellte Epikur einst Sterben und Tod dar. Das Sterben ist Teil des Lebens und hat an sich mit dem Tod nichts zu tun. In unserer Gesellschaft gibt es heute keine vorherrschende Einstellung zum Tod. Mal empfinden wir es als grausam, wenn ein Mensch »plötzlich und unerwartet« stirbt und es keine Gelegenheit gab, Abschied zu nehmen. Ebenso grausam jedoch ist das langsame Sterben, das vom offensichtlichen Verfall geprägt ist und den Geist schon lange vor dem Körper mitnimmt. Heutzutage stirbt ein alter Mensch ganz selten einfach so. Zumeist wird ein harter Kampf ums Überleben daraus, was sich nur durch eine Patientenverfügung auf ein erträgliches Maß reduzieren lässt. Die Fortschritte in der Medizin entpuppen sich als Segen und Fluch gleichermaßen.

Angesichts dieser Stimmungslage spricht es für einen souveränen Umgang mit dem eigenen Leben und Sterben, wenn man seine letzte Wegstrecke ganz bewusst gestaltet und nicht alles dem Zufall überlässt. Vorsorge in dieser Richtung bieten die unterschiedlichen Vollmachten und Verfügungen, die jeder Mensch frühzeitig treffen sollte (vgl. Kapitel 5). Aber darüber hinaus gibt es noch einiges, was ein Mensch tun kann, um, wenn es denn soweit ist, loslassen zu können und im inneren Frieden zu sterben.

Sich einen Überblick verschaffen

Ein Testament zu machen scheint heute viele Menschen zu schrecken – und deshalb lassen sie es lieber bleiben. Bei näherer Betrachtung ist das sehr töricht und egoistisch, denn ein ungeregeltes Vermächtnis ist fast immer der Keim für Streit und Zwietracht unter den Hinterbliebenen. Deshalb wäre es gut, alles, was das Leben und Sterben betrifft, übersichtlich zu ordnen. Es kann gleichsam eine beruhigende Bilanz des Lebens sein, die man für sich selbst zieht und die dann auch Ruhe einkehren lässt. Folgende Dinge sollte man ordnen:

- Zu den wichtigsten Unterlagen, die von den Hinterbliebenen gebraucht werden, gehören das *Familienstammbuch* und das

Testament. Zwar weiß vielleicht der ältere Mensch selbst, wo die Dinge in seinem Haus zu finden sind, aber dieses Wissen gilt es rechtzeitig weiterzugeben. Das erspart pietätlose Suchaktionen angesichts des Todes.

- Sinnvoll ist es ebenso, schon im Voraus Übersichten zu erstellen, welche *Vermögens- und Sachwerte* man besitzt. Dazu gehören eine Liste der Konten, Depots und Sparanlagen, sowie eine Aufstellung von Wertgegenständen und Immobilien und die Zusammenstellung der dazugehörigen Unterlagen.
- *Versicherungen* sind ein weiteres Thema, wobei es nicht mit einer schlichten Auflistung getan ist. Es gilt zu unterscheiden, welche Versicherungen unmittelbar benachrichtigt werden müssen, welche umzuschreiben sind und welche entfallen können.
- Darüber hinaus ist es gut, wenn man sich über die eigene *Bestattung* und über religiöse Einstellungen nachdenkt und letzte Wünsche dazu formuliert.

Traurige Pflichten

Stirbt ein Mensch, hinterlässt er seinen Angehörigen die Pflicht, seine Angelegenheiten zu regeln. Dies ist durch das Bürgerliche Gesetzbuch (BGB) klar geregelt. Mit dem Tod beginnen für sie wichtige Fristen. Angesicht der Trauer ist es oft schwer, einen klaren Kopf zu bewahren, und doch ist es so wichtig, keine Vorschriften zu missachten oder Fristen zu versäumen.

Stirbt ein Mensch zu Hause, so muss umgehend *ein Arzt verständigt* werden, der die Leichenschau vornimmt und den Totenschein ausstellt. Als Nächstes gilt es, einen *Bestattungsunternehmer* zu beauftragen. Dieser kümmert sich unter Umständen um viele wichtige Behördengänge, die jetzt anstehen. Wenn der Verstorbene einen Vorsorgevertrag geschlossen hat, sind diese Dienstleistungen bereits bezahlt und festgelegt. Falls nicht, muss man sich selbst kümmern. Am ersten Werktag nach dem Tod muss man beim Standesamt eine *Sterbeurkunde* besorgen. Dazu braucht man den Personalausweis des Verstorbenen, die Geburtsurkunde und/oder das Familienstammbuch, gegebenenfalls das Scheidungsurteil.

Binnen 24 bis 36 Stunden nach dem Tod muss der Leichnam in die Leichenhalle gebracht werden. Eine *Erdbestattung* muss innerhalb von zwölf Tagen stattfinden, die Frist für *Feuerbestattungen* beträgt sechs Wochen.

Geld vom *Rentenversicherungsträger* oder zusätzlich von einer betrieblichen oder privaten Altersversorgung muss möglichst schnell beantragt werden. Das ist nicht pietätlos, sondern Pflicht. Ebenso umgehend müssen Versicherungsunternehmen informiert werden – *Lebens-, Unfall oder Krankenversicherungen*. Je nach Versicherungsbedingungen hat man dafür 24 bis 72 Stunden Zeit. Für die Todesmeldung braucht man in der Regel die Original-Versicherungspolice und die Sterbeurkunde, oft auch eine ärztliche Bestätigung über die Todesursache und eine Kopie der Kontoauszüge, aus denen die letzten Beitragzahlungen zu ersehen sind.

Beizeiten muss auch entschiedenen werden, was mit der Wohnung geschieht. Mietverträge müssen unter Umständen umgeschrieben oder gekündigt werden. War der Verstorbene alleinstehend, muss der Hausstand aufgelöst werden.

Ruhige Gespräche zum richtigen Zeitpunkt

Erscheint Ihnen die Frage nach dem »bestellten Haus« angesichts der Informationen auf den letzten Seiten immer noch ungehörig? Im besten Fall war das ein heilsamer Schock, der allen Beteiligten klarmacht, wie wichtig es ist, letzte Dinge zu regeln, bevor es zu spät ist. Dass ein Gespräch darüber notwendig ist, ist offensichtlich. Der richtige Zeitrahmen dafür sollte jedoch mit Bedacht und ohne Zeitdruck gewählt werden.

❷ Vererben

»Hast du schon Dein Testament gemacht?«

Rund zwei Drittel aller Deutschen hat kein Testament gemacht. »Das hat noch Zeit«, denken sie, bis es dann zu spät ist. In all diesen Fällen regelt der Staat dann die Erbfolge, legt fest, wer was erbt und wie viel. Je nachdem, was es zu vererben gibt, ist dann der Streit unter den Erben vorprogrammiert.

Die gesetzliche Erbfolge

Die Erbfolge ist im Bürgerlichen Gesetzbuch (BGB) geregelt. Erbberechtigt sind demnach die Angehörigen und die Ehe- beziehungsweise eingetragenen Lebenspartner. Die *gesetzliche Erbfolge* sieht vor, dass unter den Angehörigen zuerst die Kinder oder deren Nachkommen berücksichtigt werden müssen; wenn es diese nicht gibt, erben die Eltern oder, falls diese bereits gestorben sind, die Geschwister. Unter den Erben legt der Gesetzgeber eine Reihenfolge fest, die mit dem Begriff »*Ordnung*« kategorisiert werden. Erben *erster Ordnung* sind Ehepartner und Kinder. Erben *zweiter Ordnung* sind beispielsweise Eltern und Geschwister des Erblassers. Nur wenn es keine Erben erster Ordnung gibt, können Erben einer höheren Ordnung bedacht werden – es sei denn, es liegt ein Testament vor.

Wie viel ein *Ehepartner* erbt, hängt davon ab, welche Verwandten der Verstorbene hinterlässt und welchen Güterstand die Eheleute miteinander vereinbart hatten. Der häufigste Güterstand zwischen Eheleuten ist die *Zugewinngemeinschaft.* Diese gilt, wenn die Eheleute nichts anderes bei der Eheschließung vereinbart hatten. Demnach gehört jedem das, was er in die Ehe eingebracht hat und was er während der Ehe erworben hat. Der Zugewinn ist die Differenz zwischen Anfangs- und Endvermögen. Wie viel der Ehepartner dann erbt, wenn der Erblasser stirbt, lässt sich am besten durch ein Beispiel verdeutlichen: Stirbt der Vater ohne Testament, bekommt die Ehefrau die Hälfte des Vermögens, die andere Hälfte wird zu gleichen Teilen unter den Kindern verteilt. Damit die Ehefrau beziehungsweise der Ehemann alles erbt, bedarf es eines Testaments. Diese vereinfachte Form der Nachlassregelung nennt man *Berliner Testament,* es legt fest, dass die Eltern sich gegenseitig als Alleinerben bestimmen und alle anderen Verwandten automatisch außen vor sind.

Streit (leider) vorprogrammiert: Die Erbengemeinschaft

Einfach hat es nur der Alleinerbe, er kann nach dem Tod uneingeschränkt über das gesamte Vermögen verfügen. Muss das Vermögen geteilt werden, gibt es also mehrere Erbberechtigte, so entsteht automatisch eine *Erbengemeinschaft.* Da aber eine solche Zwangsgemeinschaft viele nötige Entscheidungen nur einstimmig treffen darf, ist der Keim für Streit und Zwietracht bereits gesät. In einem Testament kann man dem vorbeugen, indem man festlegt, wie das Vermögen geteilt werden soll, und eine *Teilungsanordnung* erstellt. Wieder ein Beispiel: Die Mutter hat eine Villa, ein Mietshaus und Sparvermögen zu vererben. Sie legt fest, dass der Sohn die Villa, die Tochter das Mietshaus und beide jeweils die Hälfte des Sparvermögens bekommen. Wenn sie keine näheren Bestimmungen hinterlässt, muss derjenige der Kinder, der die Immobilie mit dem höheren Wert bekommt, dem anderen einen *Wertausgleich* zahlen. Dass es keinen geben soll, kann man im Testament verfügen.

Der Pflichtteil

Auch wer ein Testament schreibt, sollte die gesetzliche Erbfolge im Hinterkopf haben, denn Ehepartnern und Kindern steht immer ein *Pflichtteil* zu, auch wenn das Testament etwas anderes vorsieht. So kann man Ehepartner und Kinder nicht einfach in der Erbfolge übergehen. Tut man es doch, so steht ihnen als Pflichtteil die Hälfte von dem zu, was sie bekommen hätten, wenn es kein Testament gäbe. Auch dabei ist Streit vorprogrammiert, weil unter Umständen Immobilien versteigert werden müssen, nur um die Pflichtteile zu bedienen.

Besser: Ein Testament machen

Wer seine Erbangelegenheiten nicht in die Hände des Staates legen möchte, sollte also ein Testament machen. Es ist die sicherste Möglichkeit, dafür zu sorgen, dass nach dem Tod der Nachlass

Das Testament

- Je klarer Sie die Regelungen treffen, desto weniger Anlass zu Streit wird es geben. Lassen Sie sich bei größeren Vermögenswerten und Immobilien jedenfalls rechtlich beraten.
- Betiteln Sie das Schriftstück mit dem Wort *Testament* oder *Letzter Wille*, damit die Verfügung nicht als Entwurf interpretiert werden kann.
- Das Testament muss handschriftlich verfasst werden und mit vollständigem Vor- und Zunamen unterschrieben sowie mit Datum und Ort versehen werden.
- Machen Sie möglichst konkrete Angaben, legen Sie detailliert fest, wer was bekommen soll.
- Bewahren Sie das Testament sorgfältig auf, und geben Sie mehrere Kopien an Familienangehörige oder Freunde weiter. Auch Rechtsanwälte oder Gerichte nehmen Testamente in sichere Verwahrung.
- Wer ein Testament macht, kann Auflagen mit dem Nachlass verknüpfen. So ist es durchaus üblich, dass die Begräbnismodalitäten oder die Grabpflege geregelt werden beziehungsweise wird. Auch erlaubt ist es, beispielsweise zu verfügen, dass das geerbte Haus nicht verkauft werden darf.

tatsächlich so verteilt wird, wie man es sich wünscht. Nun schaffen es wenige, ein unanfechtbares Testament selbst zu verfassen; oft braucht es kompetente Rechtshilfe dafür.

Die einfachste Variante ist erst das so genannte Berliner Testament für Eheleute, wobei sie sich gegenseitig als Erben einsetzen. Darüber hinaus ist es wichtig zu wissen, dass nur lebende Personen erben können. Falls also ein potenzieller Erbe vorher stirbt, ist das Testament anfechtbar, es sei denn, man legt einen Ersatzerben fest. So gibt es viele, teils widersprüchliche, Bestimmungen, die es zu beachten gilt.

Darüber sollten Sie reden!

Vererben ist nicht einfach. Da die Erstellung eines Testaments an gewisse Vorgaben geknüpft ist, sollte man es nicht zu lange hinausschieben. Vielleicht ist man bald nicht mehr in der Lage, mit der Hand zu schreiben, oder man verliert das Sprachvermögen und kann sich nicht mehr äußern. Vor diesem Hintergrund ist es wichtig, die alten Menschen daran zu erinnern, wie wichtig ein solches Dokument ist.

Natürlich sollte man niemanden drängen, sein Testament zu machen. Die Erfahrung zeigt jedoch, dass es auch eine Erleichterung sein kann, über das Leben der anderen nach dem eigenen Tod nachzudenken.

❸ Glaube und Vorstellungen

»Was willst du noch machen?«

Sich mit dem Ende des Lebens zu befassen fällt keinem Menschen leicht. Doch mit zunehmendem Alter dringen Gedanken und Gefühle dazu immer mehr ins Bewusstsein des alten Menschen. Und auch deren Kindern wird klar, dass die Auseinandersetzung mit dem Tod unausweichlich ansteht. Nun kann man allerlei formale Dinge im Vorfeld regeln und damit beruhigt älter werden. Und doch bleibt manches nicht bedacht.

Es sind die persönlichen Wendepunkte im Lebenslauf, die erst spät wieder an Bedeutung gewinnen und die es unter Umständen aufzuarbeiten gilt. Vielleicht ist da noch eine Schuld, die abgetragen werden muss; eine Versöhnung, die schon lange aussteht; eine Entschuldigung, die überfällig ist. Niemand weiß alles von einem anderen Menschen, jeder hat seine kleinen Geheimnisse oder verborgene Wünsche. Manchmal sind alte Eltern schon zu schwach, um allein die Initiative zu ergreifen, dann muss man ihnen zur Seite stehen, um letzte Wünsche und Vorstellungen zu erfüllen.

Auseinandersetzung mit dem nahenden Tod

Jeder Mensch reagiert anders, wenn ihm die Tatsache bewusst wird, unheilbar krank oder dem Tode nahe zu sein. Im Wesentlichen ist es die Trauer um das eigene Leben, die sich ganz individuell zeigt. Manche Menschen reagieren sehr gefasst, andere sind wütend, wieder andere versuchen das Problem ganz nüchtern zu analysieren. Die amerikanische Psychiaterin Elisabeth Kübler-Ross spricht von vier Phasen, die sterbende Menschen durchlaufen, bis sie sich mit ihrem Schicksal versöhnen können.

Die Verleugnungsphase: Die menschliche Seele lässt Schreckensnachrichten nur portionsweise ins Bewusstsein vordringen, um sie auch verarbeiten zu können. Das Gefühl wird als dumpfe Empfindungslosigkeit beschrieben, man ist betäubt, steht unter Schock – und macht doch nach außen hin weiter wie bisher. Für die Angehörigen ist diese Phase schwierig, und das Verhalten des Betroffenen wird oft mit Verweigerung verwechselt. Tatsächlich beschäftigt sich der Kranke mit den Informationen eher intellektuell, weil er sie nicht auf sich beziehen möchte. Andere wiederum lehnen die Erkenntnis rundweg ab, das schützt eine Weile vor der Wucht der Erkenntnis, die aber folgen muss.

Die Phase der Verbitterung: Irgendwann bricht der Schutzwall der Seele in sich zusammen, und die typische Reaktion darauf ist Unverständnis. Wut, Anklagen und bittere Tränen (»Warum gerade ich?«) begleiten diese Phase, in der der Tod als Strafe gesehen wird. Für die Angehörigen wird es nun etwas leichter, weil sie aktiv etwas tun können, um die Bewältigung zu ermöglichen, aber es ist auch anstrengend, weil die Gedanken des Sterbenden immer die gleichen sind, die Fragen dieselben. Es braucht Geduld und Verständnis, die zeitweise Aggression ist nicht persönlich zu nehmen, sondern lediglich Zeichen von Angst. Der Kranke braucht einen »Prügelknaben«, damit der Zorn langsam verebbt.

Die Phase der Verhandlung: Die Verhandlungsphase ist von Rückzug und depressiven Schüben geprägt. Der Kranke hadert mit seinem Schicksal und versucht den Lauf der Dinge nochmal zu ändern. In dieser Phase gewinnen Glaube und Religion immer mehr an Bedeutung, aber nur so lange, bis der Kranke einsieht, dass es keinen Pakt gegen den Tod gibt. In dieser Phase können Angehörige viel tun, um die depressiven Schübe abzumildern und ein wenig Licht ins Dunkel der Trauer zu bringen. Ablenkungen und kleine Gefälligkeiten zeigen große Wirkung und schaffen es zumindest kurzfristig, die Depressionen niederzukämpfen.

Die Akzeptanz: Wer sein Schicksal annimmt, der wird ruhiger. Die Zeit des Abschieds ist gekommen. Dabei sollte man nicht zu lange warten, denn dem Kranken ist es wichtig, dabei möglichst noch einen guten Eindruck zu machen. Mit jedem Abschied zieht sich der Sterbende immer mehr in seine eigene Welt zurück. Es gilt nun nur noch, letzte Gespräche zu führen, letzte Zärtlichkeiten auszutauschen und letzte Beweise der Wertschätzung weiterzugeben. Für die Angehörigen ist diese letzte Phase schwierig, weil sie sich der Endgültigkeit des Abschieds nunmehr bewusst werden.

Letzte Wünsche erfüllen

Welche Rechnung ist noch nicht beglichen? Welche Worte blieben bislang ungesagt? Ein Mensch, so haben es viele Gespräche mit Angehörigen gezeigt, der zu viele offene Fragen bis zum Schluss aufschiebt, kann sich nicht ruhig in sein Schicksal fügen. Deshalb sollte man die Phasen des Abschieds bewusst dazu nutzen, letzte Wünsche zu erfragen – und, wann immer möglich, auch zu erfüllen. Ein Sterbender sehnt sich immer danach, mit sich und anderen noch ins Reine zu kommen.

Dem lieben Gott ein Stückchen näher ...

... fühlen sich alte Menschen, wenn sie sich im Sterbeprozess befinden. Oft verlangen sie nach einem Geistlichen und suchen das Gespräch. All das ist heute nicht mehr in gleichem Maß selbstverständlich, wie es früher einmal war, denn der Glaube an die Möglichkeiten der modernen Medizin hat den Glauben an ein Leben danach fast verdrängt. Ganz gleich, wie der alte Mensch in den letzten Jahren auch gedacht hat, wenn er jetzt in den letzten Tagen religiösen Beistand wünscht, wird man ihn natürlich nicht verwehren. Überhaupt ist es nun für Diskussionen und Auseinandersetzungen sicher nicht die passende Situation.

Wenn es schon sein muss ...

Da das Sterben ein Teil des Lebens ist, kann man es auch unterschiedlich gestalten. Je bewusster man sich diese Tatsache macht, desto weniger fühlt man sich dem Tod ausgeliefert. Einen Teil der Wünsche und Vorstellungen kann man durch die Patientenverfügung festlegen. Darüber hinaus müssen Ärzte, Pflegende und Angehörige sensibel darauf achten, welche Wünsche und Vorstellungen der alte Mensch ihnen noch mit auf den Weg gibt.

Das Sterben ist immer auch eine praktische Angelegenheit. Verlegt man den Patienten für die letzten Tage in die heimischen vier Wände, müssen sich die Angehörigen selbst um die praktischen Dinge kümmern, und dafür ist die Unterstützung eines Pflegedienstes unentbehrlich. Diese Menschen sind Profis in Sachen Pflege, die Angehörigen haben genug damit zu tun, alle emotionalen Bedürfnisse zu erfüllen.

Aber auch jetzt und in diesem Moment muss man auch auf sich selbst achten beziehungsweise den Sterbenden nicht damit belasten. Die Hauptperson beim Sterben ist der Sterbende! Was einen selbst bewegt, muss zurücktreten.

Nicht allein zu sein, wenn der Tod kommt, ist der größte Wunsch, den alle Sterbenden haben. Wenn man noch Abschied nehmen kann, dann fällt es leichter zu gehen – und den Angehörigen fällt es leichter, sich mit dem Weiterleben zu arrangieren.

❹ Begräbnis

»Wie stellst du dir das vor?«

Manchmal gibt es Gelegenheiten, die man beim Schopf ergreifen muss. Gewisse Themen kann man nicht einfach so ansprechen, sie lassen sich nicht planen oder vorbereiten. Die Überlegungen, die sich mit dem Tod und der Bestattung beschäftigen, gehören dazu. Nicht selten geht die Initiative zu so einem Gespräch von den alten Menschen selbst aus. Dann ist es gut, vorbereitet zu sein und wichtige Argumente bereits durchdacht zu haben. Auf alle Fälle sollte man solch ein Gesprächsangebot nutzen und nicht pietätvoll zurückweisen. Wer weiß, wann sich wieder eine Gelegenheit dazu ergibt.

Erfreulich ist jedenfalls, dass der Vorsorgegedanke in Sachen Bestattung unter Senioren weiter verbreitet ist als das Anfertigen eines Testaments.

Dazu gehört auch eine entsprechende Verfügung, wie man beerdigt werden möchte. Das kann man in Anhang zum Testament tun, oder man trifft schon zu Lebzeiten eine Verabredung mit einem Bestattungsunternehmen.

Ein schöner Abschied

Viele alte Menschen wünschen sich einen schönen Abschied von dieser Welt. Manche sprechen nur darüber, andere handeln auch. Für die Angehörigen kann das eine große Erleichterung sein: Wenn alle Wünsche aufgeschrieben wurden, gibt es darüber keine unnötigen Diskussionen. Denn wie eine Bestattung sein sollte, darüber gehen die Vorstellungen oft weit auseinander. Und es kann für die Angehörigen auch tröstend sein, die Wünsche des Verstorbenen zu erfüllen.

Die einen möchten auf dem heimischen Friedhof begraben werden, den anderen ist ein anonymes Grab für die Urne lieber. Während manche einen reichhaltigen Blumenschmuck wünschen, sammeln die anderen lieber Spenden für eine Hilfsorganisation. Man kann alles im Voraus festlegen, vom Trauerredner bis zur Musikabfolge, die Kuchenauswahl beim Beerdigungskaffee ebenso wie die Ausstattung des Sarges. Ebenso gibt es natürlich Menschen, die solche Gedanken weit von sich schieben.

Die *Bestattungsvorsorge* ist keine neue Geschäftsidee, die gibt es schon lange, und zwar in Form von Mitgliedschaft in unterschiedlich organisierten Sterbekassen oder in einem Begräbnisverein. Neu ist hingegen, dass auch Bestattungsunternehmer schon Vorsorgeverträge anbieten – und sich bezahlen lassen.

Nichts ist umsonst, heißt es so schön, selbst der Tod kostet das Leben. Und noch mehr, möchte man ergänzen, denn eine Beerdigung mit allem Drum und Dran kostet schon mehrere Tausend Euro. Aber in diesen Kosten sind dann die Grabstelle, der Grabstein und die Grabpflege noch nicht enthalten.

Wie man sich sein Begräbnis vorstellt, kann man aber auch ganz einfach notieren und die Notizen einem Verwandten oder Freund zur Aufbewahrung geben. Das nennt man *Bestattungs-*

verfügung. Je nachdem, wie wichtig einem dies ist, kann man diese ganz formlos gestalten, ins Testament mit einbinden oder bei einem Notar hinterlegen.

Bestattungsverfügung – das können Sie bedenken

- Art der Bestattung: Erd-, Feuer- oder Seebestattung.
- Ort: welcher Friedhof, welche Grabstelle, anonym oder mit Grabstein?
- Durchführung: Pfarrer oder Trauerredner, Messe oder Gedenkgottesdienst etc.
- Musikabfolge, Blumenschmuck, Sterbebilder etc.
- Bekanntmachung: Traueranzeige, Trauerkarte, Adressenliste etc.
- Wer ist im Todesfall dringend zu benachrichtigen?

Finanzierung von letzten Wünschen

Am Geld soll es nicht scheitern, das sagt sich leicht, doch so mancher Angehörige ist, wenn er dann die Rechnungen auf dem Tisch hat, der Ohnmacht nahe. Damit eine Bestattung die Hinterbliebenen nicht überfordert, sollte man sich auch über die Finanzierung Gedanken machen.

Für den Fall, dass Sie ein Arrangement mit einem Bestattungsunternehmen treffen, müssen Sie auch die *Finanzierung* klären. Sie können das nötige Geld auf ein Treuhandkonto des Bestatters einzahlen. Die treuhänderische Verwaltung schmälert allerdings die Rendite. Auch möglich ist es, zwar Verabredungen mit einem Unternehmen zu treffen, aber das nötige Geld auf einem separaten Konto selbst festzulegen. Die Banken zahlen die Beerdigungskosten dann vom Ersparten an den nächsten Angehörigen aus. Dafür braucht es keinen Erbschein, sondern es genügt die Sterbeurkunde. Entsprechende Regelungen und Vollmachten sollten allerdings über das Testament bestätigt werden.

Sterbegeldversicherungen

Eine Sterbegeldversicherung ist eine Lebensversicherung mit anderem Titel. Manchmal ist es auch eine Mogelpackung, wie die *Stiftung Warentest* ermittelt hat. »Die Sterbegeldversicherung begräbt viel Geld«, so die Verbraucherschützer. Die Versicherungsunternehmen argumentieren überwiegend mit dem löblichen Vorsatz, dass man ja den Hinterbliebenen postum nicht auf der Tasche liegen wolle. Nun haben viele ältere Menschen schon seit langer Zeit eine solche Sterbegeldversicherung, und an diesen Verträgen sollte man auch nicht mehr rühren. Allerdings macht der Neuabschluss wenig Sinn, dann legt man besser regelmäßig einen Betrag auf einem Sparkonto an und hinterlegt entsprechend den Verwendungszweck.

Keinerlei Berührungsängste

Merkwürdigerweise haben alte Menschen in Bezug auf ihre eigene Bestattung weniger Berührungsängste als deren erwachsene Kinder. Manche Senioren haben schon ihre Grabstelle ausgesucht und besuchen diese regelmäßig. Auch über die Zeremonien, die Musikauswahl und Blumenarrangements machen sie sich Gedanken, und sie haben auch keine Scheu, darüber zu sprechen.

Bei den Angehörigen ist das schon anders, sie scheuen diesen Tag, der für sie alle mit Trauer und Tränen verbunden sein wird.

Natürlich ist das individuell sehr unterschiedlich, manche meiden Gedanken an das eigene Begräbnis ebenso wie das Schreiben eines Testaments. Wenn nicht die Eltern die Sprache darauf bringen, sollte man selbst nicht darauf drängen. Sie können ein Gespräch anbieten, beispielsweise fragen: »Hast du Wünsche zu deinem Begräbnis? Möchtest du darüber sprechen?« Falls das Angebot abgelehnt wird, womöglich schweigend, lassen Sie es so auf sich beruhen. Es gibt Menschen, die das eigene Ende ohne große Überlegungen auf sich zukommen lassen, ebenso wie es andere gibt, die alles gern im Detail planen.

Literatur-Auswahl

Bürgerliches Gesetzbuch (BGB), 56. überarbeitete. Auflage dtv, München 2005
Cicero, Über das Alter, Reclam, 1998
Ermann, Michael, Psychotherapeutische und psychosomatische Medizin, 2. Aufl., Kohlhammer, Stuttgart, 1997
Hoffmann, Monika, Kaiser, Ruth, Wie geht's denn deinen Eltern?, BW Verlag, Nürnberg 2006
Jung, C.G., Mensch und Seele, Hrsg. von Jolande Jacobi, Walter Verlag, Olten, 1971
Nuland, Sherwin B., Die Kunst zu altern, DVA, München 2007
Riemann, Fritz, Die Kunst des Alters, Kreuz Verlag, Stuttgart, 1981
Seneca, Von der Kürze des Lebens, dtv, München
Stern, Erich, Geist und Psyche, Der Mensch in der zweiten Lebenshälfte, Kindler Verlag, München, 1955
Stiftung Warentest, Finanztest spezial, Erben und Vererben, Stuttgart 2006
Teusen, Gertrud, Jetzt wird Mama wirklich alt! Kreuz Verlag, Stuttgart 2008

Hinweise zu Adressen

Klassisch wäre an dieser Stelle ein Adressverzeichnis. Da es bei dieser Thematik aber durch die notwendigerweise zu treffende Auswahl geradezu unmöglich ist, der Vielfalt und Individualität Ihres Informationsbedürfnisses gerecht zu werden, finden Sie hier stattdessen drei Anregungen:

1. Ein klassisches und ausführliches Adress-Verzeichnis finden Sie in meinem Buch »Jetzt wird Mama wirklich alt«. Es enthält die »großen« Adressen, offizielle Ansprechpartner vor allem, die ich hier nicht einfach wiederholen möchte.
2. Bitte haben Sie keinerlei Scheu, zu Informationen über Krankheiten, Pflegediensten oder Therapien Ihren Hausarzt oder die Sozialstation vor Ort oder auch Ihren Apotheker zu fragen. Unter diesen »Spezialisten« werden Sie am besten jemanden finden, der Ihnen genau die Informationen geben kann, die sie suchen – und das ist oft besser als sich bei Interessenverbänden und Wohlfahrtsorganisationen durchzufragen.
3. Eine Quelle guter und auch unverhoffter Informationen ist – gerade bei dieser Thematik – das Internet. Geben Sie ein beliebiges Stichwort ein und Sie werden erstaunt sein, was es alles gibt: konkrete Hilfe ebenso wie Produktinformationen. Probieren Sie es aus! Ihre Recherche wird Ansprechpartner ergeben und Ermutigung, es anzugehen, sowie Ideen, was in Ihrem speziellen Fall (Gehhilfe? Urlaubsvertretung? Tierpflege bei Krankenhausaufenthalt? Gedächtnistraining? Kleidungsgeschäfte, die ins Haus kommen?) weiterhilft. Zum Einstieg aber vielleicht doch zwei Adressen. *www.qualitaet-fuer-senioren.de* bündelt übersichtlich Seniorenangebote im Internet. Oder: *www.seniorenshops-deutschland.de* ist gut zur Orientierungshilfe geeignet.